THEODOR LITT

Das Allgemeine im Aufbau der geisteswissenschaftlichen Erkenntnis

Mit einer Einleitung herausgegeben von
FRIEDHELM NICOLIN

FELIX MEINER VERLAG
HAMBURG

PHILOSOPHISCHE BIBLIOTHEK BAND 328

Der Nachdruck des Textes erfolgt nach der Ausgabe „Berichte über die Verhandlungen der Sächsischen Akademie der Wissenschaften zu Leipzig", Philologisch-historische Klasse, 93. Band (1941), 1. Heft.

Im Digitaldruck »on demand« hergestelltes, inhaltlich mit der ursprünglichen Ausgabe identisches Exemplar. Wir bitten um Verständnis für unvermeidliche Abweichungen in der Ausstattung, die der Einzelfertigung geschuldet sind. Weitere Informationen unter: www.meiner.de/bod.

Bibliographische Information der Deutschen Nationalbibliothek

Die Deutsche Nationalbibliothek verzeichnet diese Publikation in der Deutschen Nationalbibliographie; detaillierte bibliographische Daten sind im Internet über ‹http://portal.dnb.de› abrufbar.
ISBN 978-3-7873-0512-4
ISBN eBook: 978-3-7873-2797-3

© Felix Meiner Verlag GmbH, Hamburg 1980. Alle Rechte vorbehalten. Dies gilt auch für Vervielfältigungen, Übertragungen, Mikroverfilmungen und die Einspeicherung und Verarbeitung in elektronischen Systemen, soweit es nicht §§ 53 und 54 URG ausdrücklich gestatten. Gesamtherstellung: BoD, Norderstedt. Gedruckt auf alterungsbeständigem Werkdruckpapier, hergestellt aus 100% chlorfrei gebleichtem Zellstoff. Printed in Germany.
www.meiner.de

Inhalt

Einleitung. Von Friedhelm Nicolin VII

Theodor Litt
Das Allgemeine im Aufbau der geisteswissenschaftlichen Erkenntnis

I. Die Praxis der geisteswissenschaftlichen Forschung	5
II. Die geisteswissenschaftlichen Induktionen und die allgemeinen Wortbedeutungen	9
III. Das Apriori der Geisteswissenschaften	25
IV. Das Sichselbstwissen des apriorischen Wissens	44
Anmerkungen	69

Anhang

Anmerkungen des Herausgebers	73
Bibliographie	77

Einleitung

Die Aufnahme des hier edierten Textes von Theodor Litt in die Philosophische Bibliothek hat einen äußeren Anlaß: den 100. Geburtstag seines Verfassers am 27. Dezember 1980. Daß ein solcher Anlaß wahrgenommen wird, setzt allerdings die innere, in der Sache gründende Motivation für eine Einfügung dieser kleinen Schrift in die Sammlung maßgeblicher philosophischer Texte voraus.

Dazu seien einige Hinweise gegeben (I), denen wir, um dem Leser den Zugang zu erleichtern, eine Übersicht über den gedanklichen Aufbau der Arbeit folgen lassen (II). Weiterhin wird eine Einordnung des Textes in das Littsche Schrifttum vorgenommen (III) sowie das Nötige über die Edition mitgeteilt (IV).

I

Litts Abhandlung ist zuerst 1941 in den Berichten über die Verhandlungen der Sächsischen Akademie der Wissenschaften zu Leipzig erschienen. Versucht man ihre Stellung im Denken des 20. Jahrhunderts in aller Kürze zu bestimmen, so sind zwei Aspekte zu berücksichtigen, die zunächst sehr unterschiedlich scheinen, die aber in der Denkhaltung Litts gleichermaßen begründet sind:

1) Thematisch steht die Abhandlung in der Linie des von Diltheys energischem Einsatz ausgehenden Bemühens, das Selbstverständnis der Geisteswissenschaften zu explizieren und die „logische Besinnung auf ihre denkerische Leistung" zu richten (vgl. S. 5). Der Text selbst und die in den Anmerkungen von Litt beigegebenen Verweisungen auf Schriften von Wilhelm Dilthey, Heinrich Rickert, Richard Hönigswald, Ernst Cassirer, Erich Rothacker machen diese Linie unmittelbar ge-

genwärtig. Es geht Litt darum, über die bis dahin geführte Diskussion hinaus für den Bereich der geisteswissenschaftlichen Forschung und der in ihr aufzubauenden Erkenntnis das „Allgemeine" näher zu bestimmen und es dabei gegen eine bloße induktive Generalisation wie gegen das Subsumptions-Allgemeine abzugrenzen. Neben der Herausarbeitung dieses geisteswissenschaftlich Allgemeinen ist von Bedeutung die Einbeziehung sprachphilosophischer Einsichten, die Litt der Wissenschafts- und Erkenntnistheorie verbindlich macht (vgl. S. 11). Der heutige Leser wird freilich Argumentation und Ergebnis dieser Schrift nicht aus dem Gesamtwerk Litts isolieren wollen, sondern fortschreiten zur Aneignung seines wissenschaftssystematischen Gesamtkonzepts, seiner philosophischen Anthropologie, seiner Äußerungen zur Geschichtsphilosophie, seiner interpretatorischen Rückgriffe auf Herder, Kant und Hegel, auch seiner Schriften zur Bildungstheorie.[1] Sie alle stehen in Beziehung zu dem in der Abhandlung Dargelegten. Sie haben deren Grundgedanken entweder mit vorbereitet oder ihn aufgenommen und in ihrem jeweiligen Kontext vertieft und bewährt. Von dorther ließe sich dann wieder Anschluß gewinnen an das Gespräch über die Aufgabe der Geisteswissenschaften in unserem Forschungs- und Bildungssystem — ein Gespräch, über das die Akten in den auf Litts Tod (1962) folgenden anderthalb Jahrzehnten schon fast geschlossen schienen, das sich aber heute neu belebt.

2) Litt hat mit seiner Schrift — ungeachtet dessen, was ihr Titel nahelegt — nicht ausschließlich wissenschaftslogische Intentionen verfolgt. Als er die Abhandlung 1941 der Leipziger Akademie vorlegte, war er selbst nach Konflikten mit dem nationalsozialistischen Regime schon mehrere Jahre aus seinem Amt als Universitätslehrer entfernt und in seinen Rede- und Publikationsmöglichkeiten beschränkt. Das hinderte ihn aber nicht an entschiedenen, auch politisch unmißverständlichen Stellungnahmen zur Zeitlage. Hatte er sich schon 1934 in

---

[1] Vgl. die im Anhang beigefügte Bibliographie. Dort sind auch alle im folgenden zitierten Schriften aufgeführt.

einem Aufsatz gegen die Indienstnahme der Geisteswissenschaften durch die nationalsozialistische Ideologie zur Wehr gesetzt[2], so versäumt er es auch in der Akademieabhandlung nicht, den aktuellen Zeitbezug seiner Untersuchung offenzulegen: ohne Umschweife verweist er auf die verwerflichen Tendenzen der Epoche, „die dem ‚Allgemein-Menschlichen' im Namen des rassisch und völkisch sich Besondernden den Krieg machen" (S. 6) — wobei dialektisch mitzudenken ist, daß dieses völkische Prinzip sich seinerseits zu einem falschen Allgemeinen aufwirft, das alles Individuelle unterdrückt. Mit Recht hat der holländische Pädagoge M. J. Langeveld — anläßlich eines in den Niederlanden veranstalteten Neudrucks der Littschen Abhandlung (Groningen 1959) — gefragt: „Wer hatte im Deutschland von 1941 den Mut, eine Auffassung öffentlich zu vertreten, die gerade im Allgemeinen das Besondere aufrecht erhält?"[3] Durchmustert man die heutigen politischen Strukturen in der Welt, so wird man Langeveld zustimmen, „daß es auch jetzt noch von höchster Bedeutsamkeit ist, diese Stimme zu vernehmen", die in solcher Eindringlichkeit für eine Verständigung über das Verhältnis von Allgemeinem und Besonderem plädiert und damit eben nicht nur eine „interne Angelegenheit" (S. 7) der wissenschaftlichen Arbeit und der auf sie gerichteten philosophischen Reflexion ansprechen will.

II

Die Abhandlung gliedert sich in vier Abschnitte, deren inhaltliche Akzente hier kurz aufgewiesen seien.
1) Der Einleitungsabschnitt exponiert das Problem, wie es sich in der Praxis der geisteswissenschaftlichen Forschung ergibt, deren Aussagen sich einerseits auf *besondere* Ereignisse, Werke, Personen — andererseits auf *allgemeine* Sachverhalte

---

[2] Die Stellung der Geisteswissenschaften im nationalsozialistischen Staate. Leipzig o.J.
[3] So im Vorwort zu der Neuausgabe (Acta paedagogica Ultrajectina. 16). Dort auch das folgende Zitat.

und Zusammenhänge beziehen. Litt schafft der hier entspringenden wissenschaftstheoretischen Frage sogleich einen größeren Bedeutungshorizont, indem er sie sowohl mit der philosophischen Tradition wie mit dem Zeitgeist in Verbindung bringt: Er verweist einmal darauf, daß in der Relation von Allgemeinem und Besonderem ein Grundproblem vorliegt, das seit der Antike nicht aufgehört hat, das philosophische Denken zu beunruhigen, zum anderen apostrophiert er die außerwissenschaftlichen Zeitströmungen, die „das Allgemeine in jeder Gestalt" — und so auch die Ausprägungen des Humanum, die sich nicht auf das kanonisierte Rassisch-Besondere einschränken lassen — „vernichten wollen". Den Ausgangspunkt für die Erörterung der wissenschaftslogischen Frage selbst gewinnt Litt durch den Rückbezug auf Dilthey, der die Arbeit der Geisteswissenschaften charakterisiert hatte mithilfe der bekannten These von der „gegenseitigen Abhängigkeit des Historischen und Systematischen", also dem befruchtenden Wechselbezug zwischen dem „historischen Wissen des Singularen" und den „allgemeinen Wahrheiten".

2) In den Mittelpunkt seiner über Dilthey hinausgehenden Untersuchung rückt Litt im zweiten Abschnitt die unüberspringbare Tatsache, daß geisteswissenschaftliche Erkenntnisse sprachlich vermittelt sind. Es gehen daher — ganz gleich, ob sie Generelles oder Individuelles zum Gegenstand haben — allgemeine Wortbedeutungen konstitutiv in sie ein. Nicht Dilthey, der dem Phänomen des „Ausdrucks" nur auf der Objektseite der Geisteswissenschaften nachgegangen ist, sondern der Neukantianer Rickert war es, der diesen Sachverhalt in seinen Arbeiten zur Logik der historischen Begriffsbildung berücksichtigt hat. Litt hebt aber hervor, daß Rickert dem Allgemeinen der Wortbedeutungen für die geisteswissenschaftliche Erkenntnis des Besonderen nur die Rolle eines „Mittels" zumesse, und daß er den logischen Akt, in dem über ein Besonderes geurteilt werde, als „Klassifikation" auffasse. Damit gerät Rickert aus der Sicht Litts wieder ganz in die Nähe Diltheys, der die allgemeinen Aussagen der Geisteswissenschaften auf ein Vorgehen zurückführt, das er selbst als „ein der Induktion adäquates Verfahren" bezeichnet. Im folgenden zielt Litt auf den Nachweis,

daß die allgemeinen Wortbedeutungen mit den Kategorien der „Induktion" und „Klassifikation", die weithin als Normalform der Bildung allgemeiner Begriffe gelten, nicht zu fassen sind. In einer sprachphilosophischen Erörterung, die u. a. an Ernst Cassirer anknüpft, macht er Einblicke in die Alltagssprache für die Analyse der geisteswissenschaftlichen Erkenntnis nutzbar. Er zeigt, daß Sprache notwendig in ihren Ausdrücken über den Bezug auf Einmaliges hinausgeht, trotz dieses ihr inkorporierten Zugs zur Allgemeinheit aber das Konkrete nicht preisgibt, sondern in sich bewahrt. Hier bringt sich auch das Problem der „Definition" in Erinnerung, deren Fehlen oder unzureichende Genauigkeit der geisteswissenschaftlichen Arbeit oft als Mangel vorgeworfen wird. Hatte Rickert die definitorische Zuschärfung der vorwissenschaftlichen Allgemeinbegriffe im Bereich der Historie für entbehrlich gehalten, so würde nach Litt solche exakte Begriffsbestimmung geradezu der hier geforderten Leistung des Allgemeinen widersprechen. Zur Debatte steht nicht größere oder geringere Exaktheit in der Bestimmung des Allgemeinen, sondern „der Gegensatz desjenigen Allgemeinen, welches das Besondere in der Einheit mit sich festhält, und desjenigen Allgemeinen, welches das Besondere als das zu Subsumierende von sich abtrennt" (S. 23).

3) In Abschnitt III treibt Litt den Gedankengang weiter, indem er ein spezifisches Erbe des neukantianischen Philosophierens in die Erörterung einbringt: die Geltungsproblematik. Wiederum geht er aus von Diltheys Theorie der historischen Erfahrung, die sich unzureichenderweise auf das Prinzip der induktiven Verallgemeinerung gründet. Litt hebt hervor, daß Dilthey durch seine allzu starke Gegenstandsorientierung gehindert wurde, auf die logische Struktur seiner eigenen Aussagen (etwa über den Zusammenhang von „Erlebnis", „Ausdruck" und „Verstehen") zu reflektieren; so sei er dazu gekommen, jede nicht auf Induktion gestützte Einführung eines Allgemeinen als „konstruktiv" zu verwerfen. Litt holt den versäumten Schritt nach. Er fragt nach dem „Apriori" der geisteswissenschaftlichen Erkenntnis, also nach dem, was nicht wieder erfahrungsmäßig zu begründen ist, was vielmehr der Erfahrung vorausliegt und sie erst ermöglicht; anders ausgedrückt:

er fragt nach Leistungsformen aufseiten des denkenden Subjekts, die den „Geltungswert von ‚Erfahrung'" absichern. Es ist nach Litt für die geisteswissenschaftliche Forschung unerläßlich, diese in ihrem Tun schon immer gemachten Voraussetzungen selber mitzubedenken, und zwar deshalb, weil diese ein wesentliches Moment am Gegenstand ihres Forschens — der geistigen Welt — darstellen. Sofern aber die Aufhellung dieser apriorischen Voraussetzungen eine philosophische Aufgabe ist, kann Litt die These aufstellen: Keine empirische Geisteswissenschaft ohne Philosophie![4]

4) Eingangs des vierten Abschnitts gibt Litt eine fast tabellarisch angelegte Übersicht über den Stufenbau der „auf den Geist bezüglichen Erkenntnis" (S. 45). Sie verdient besondere Aufmerksamkeit, da sie nicht nur die Gedankenbewegung der vorliegenden Abhandlung durchsichtig macht, sondern ein Licht auf den reflexiven Ansatz der Littschen Philosophie im ganzen wirft. Die entscheidende Einsicht an diesem Punkte der Untersuchung besteht für Litt darin, daß die „abermalige Rückwendung" des Gedankens, in der nunmehr nach Funktion und Eigenart der vorangegangenen logischen Durchleuchtung der apriorischen Voraussetzung der Geisteswissenschaften gefragt wird, nicht zu einem „Apriori 2. Grades" hinführt (was den Anfang einer unendlichen Reihe von Voraussetzungsstufen bilden würde). Die Bewegung kommt vielmehr zum Abschluß, insofern es auf der jetzt erreichten Stufe nur noch darum zu tun ist, daß das apriorische Wissen, das als solches an das empirische Wissen um das Besondere, Konkrete, Individuelle gebunden bleibt, sich „seine eigene Struktur" bewußt macht. Litt verdeutlicht diesen Reflexionsprozeß anschließend noch einmal am Paradigma der Sprache. Auch hier ist es so, daß in der Aufstufung von der Sprache des Lebens bzw. der Anschauung, die die empirischen Geisteswissenschaften reden, zur Sprache der Reflexion bzw. des Begriffs, die sich jene zum Gegenstand macht, eine Selbstunterscheidung vollzogen wird, welche die Identität nicht aufhebt.

---

[4] Ein Satz, der ebenso als analytischer Befund wie als Forderung gelesen werden kann.

5) Damit ist eine Bestimmung des Verhältnisses von Allgemeinem und Besonderem gewonnen, die das logische Schema der Induktion und Abstraktion hinter sich läßt und die beiden Momente derart miteinander vermittelt, daß keines von ihnen in seinem Recht geschmälert wird.

In einer hieran ansetzenden Schlußbetrachtung (S. 56—68), die es rechtfertigen würde, sie als selbständigen fünften Abschnitt zu deklarieren, fragt Litt gemäß dem in der Einleitung Gesagten über die logische Tragweite der ermittelten Einsichten hinaus. Er überschreitet die Grenzen des Logischen, ja des Theoretischen überhaupt auf die Wirklichkeit des geistigen Lebens und den handelnden Menschen hin. In diesem Zusammenhang erinnert Litt an die positiven Bemühungen der Aufklärung, das Vernünftig-Allgemeine in allen Bereichen der Daseinsgestaltung durchzusetzen. Gerade hier kann er dann auch die unheilvolle Wirkung des Subsumptionsdenkens aufweisen: das in dessen Sinn verstandene Allgemeine, dem die Aufklärung zur Herrschaft verhalf, mußte mit der „Unterdrückung des Besonderen als solchen" enden. Es bezeugt die Unbestechlichkeit von Litts Denken, wenn er ebenso Hegels Begriff des „Allgemeinen" — auf dessen Spuren sich seine Untersuchung erklärtermaßen bewegt — kritisch einschränkt, da ihm unverkennbar im Ausbau des Hegelschen Systems, sozusagen nachträglich, eine einseitige Vorrangstellung zugebilligt wird. Demgegenüber fordert Litt, daß mit der „Diktatur des Allgemeinen" aufgeräumt und die „Wiederherstellung des Besonderen" als unabweisliche Aufgabe gesehen und ernstgenommen werde. Es ist von hohem Reiz, diese Schlußgedanken mit der in der Einleitung formulierten Absage an die inhumane Herrschaft des Besonderen zusammenzuhalten. Dem heutigen Leser wird es sich zudem aufdrängen, die Analysen Litts (ohne deshalb Unterscheidendes zu verwischen) in die Nähe von Gedanken zu rücken, wie sie von Autoren der Kritischen Theorie, zumal von Max Horkheimer und Theodor W. Adorno in ihrer Darstellung der „Dialektik der Aufklärung" (zuerst 1947), ausgesprochen worden sind. Die ethische Dimension solch kritischer Erkenntnishaltung liegt zutage.

III

Die Schrift über „Das Allgemeine im Aufbau der geisteswissenschaftlichen Erkenntnis" steht nicht nur zeitlich in der Mitte von Litts literarischer Produktion, sondern sie entfaltet auch ein für sein Denken zentrales Problem. Es erscheint daher angemessen, diese Einführung durch einige Querverweisungen auf andere Werke Litts abzurunden.[5]

Den Grund für die Problemstellung legt bereits Litts erstes Buch „Geschichte und Leben" (1918), das die Aufgaben geschichtlicher Bildung untersucht und nach Litts eigenem Zeugnis motiviert ist durch das Miterleben der „Katastrophe der europäischen Völkergemeinschaft" im Ersten Weltkrieg. Hier begegnet uns auch die Frage nach der historisches Verstehen begründenden Begriffsbildung. Das Buch ist, wie auch die ihm in der Zielsetzung eng benachbarte erste Auflage des Werkes „Individuum und Gemeinschaft" (1919), in Neubearbeitungen mehrfach umgestaltet worden, nicht zuletzt aufgrund einer durchgreifenden Klärung der wissenschaftlichen Grundauffassungen, die Litt bis etwa zur Mitte der zwanziger Jahre in der Verarbeitung von Motiven der Lebensphilosophie, des Neukantianismus, der Phänomenologie und schließlich der mit einer neuen Aneignung Hegels einhergehenden Entwicklung zum dialektischen Denken vollzog.

Einen eigenen Niederschlag fand dieses Bemühen in Litts Buch „Erkenntnis und Leben" (1923). Es enthält „Untersuchungen über Gliederung, Methoden und Beruf der Wissenschaft". Diese werden entwickelt im Zuge einer hier neu entworfenen Disziplin, nämlich einer die Funktionen des Geistes erforschenden „Strukturlehre". Für die begriffliche Bestimmung dieser Funktionen bedient sich Litt der von Husserl übernommenen „ideierenden Abstraktion", d. i. einer dem „generalisierenden" Verfahren entgegenzusetzenden Abstraktionsweise, die — wie Litt es positiv umschreibt — „durch Analyse

---

[5] Dabei lassen wir die pädagogischen Schriften außer acht, obwohl gerade bei Litt philosophische Grundlagenbesinnung und bildungstheoretische Reflexion stets eng miteinander verschränkt bleiben.

Einleitung

des Besonderen zu dem Allgemeinen vordringt, das es im Begriff zu fassen gilt", die also „recht eigentlich im Besonderen das Allgemeine ergreift".[6] Ebendieses logische Verfahren hält Litt für allein geeignet, die allgemeinen Begriffe und Sätze zu gewinnen, die den Geisteswissenschaften ein tragfähiges Fundament geben.[7]

Das Hauptwerk dieser „frühen" Arbeitsperiode Litts, die von ihm später ausschließlich für gültig erklärte dritte Auflage von „Individuum und Gemeinschaft" (1926), behandelt die Frage nach dem geisteswissenschaftlich Allgemeinen vornehmlich in der „methodischen Einleitung" und in dem Kapitel über „Ich und Weltanschauung"[8]; zu bemerken ist, daß hier der phänomenologischen Vorgehensweise schon deutlich eine dialektische verbunden wird.

Die kleine, aber wichtige Schrift „Wissenschaft, Bildung, Weltanschauung" (1928), die sehr stark auf die zeitgenössische Diskussion Bezug nimmt, setzt die beiden Disziplingruppen der Natur- und Geisteswissenschaften in ein Verhältnis zur Bildung und zu den grundlegenden Weltansichten — das heißt aber für Litt auch: in eine Relation zueinander, zur Sprache und zur Philosophie. Zum größeren Teil der Untersuchung der Geisteswissenschaft gewidmet, ist der gesamte Gedankengang des Buches für unser Problem belangvoll, vor allem für die im dritten Abschnitt der Akademieabhandlung aufgewiesene Bindung der geisteswissenschaftlichen Arbeit an die in ihr stets vorausgesetzte „Metaphysik" (vgl. S. 43 f.). Das logische Verhältnis zwischen Allgemeinem und Besonderem wird eigens erörtert in dem Abschnitt über die geisteswissenschaftliche „Objektivität" und im neunten Kapitel mit eindringlichen Hinweisen auf „die Unableitbarkeit der konkreten Situation".[9]

In mehreren Anmerkungen zu unserem Text bezieht Litt sich zurück auf ein Buch, das — ähnlich wie später seine kriti-

---

[6] Erkenntnis und Leben. 53.
[7] Vgl. ebd. 97. Im übrigen sind aus diesem Buche die Kapitel VI bis VIII des Teils B heranzuziehen.
[8] Individuum und Gemeinschaft. 3. Auflage. 116—139.
[9] Wissenschaft, Bildung, Weltanschauung. 105 ff., 109 ff.

sche Gesamtinterpretation Hegels (1953) — zweifellos in besonderer Weise seiner Selbstvergewisserung gedient hat: „Kant und Herder als Deuter der geistigen Welt" (1930). Es sind, wie Litt betont, „unsere allereigensten philosophischen Sorgen"[10], die in der Behandlung der beiden Denker zu Worte kommen. Unter der Leitformel „Abstraktes Gesetz und konkrete Gestalt" hatte Litt die antithetische Beziehung zwischen Kant und Herder schon im Rahmen seiner „Ethik der Neuzeit" (1926) hergestellt und begründet.[11] Das Buch, das sie nun im einzelnen durchzeichnet, sucht Recht und Grenzen beider Positionen zu bestimmen, folgt aber doch wohl vor allem der Absicht, Fragestellungen und sachliche Aufschlüsse der Herderschen Geschichts- und Sprachphilosophie zur Geltung zu bringen. Nicht von ungefähr sind zwei Kapitel dieses Buches mit der unterschiedlichen Auslegung der Relation „Allgemeines-Besonderes" im Gedankengebäude der beiden Philosophen befaßt.[12]

Auf die erstmals 1933 erschienene „Einleitung in die Philosophie" ist hier im ganzen zu verweisen; doch sei erwähnt, daß die Geltungsreflexion, die auch in die Gedankenbewegung der Akademieabhandlung bestimmend eingegangen ist (s. o.), dort in der ihr zugemessenen prinzipiellen Funktion hervortritt.

Zu den Zeugnissen philosophischer Zeitkritik im Dritten Reich gehört Litts Bändchen „Philosophie und Zeitgeist" (1935). Im Grunde eine kleine Monographie über Hegel, exponiert es dessen Begriff des Allgemeinen und beruft sich auf die Hegelsche „Logik" als eine „umfassende und unerhört kühne Behandlung des Themas ,Das Allgemeine und das Besondere' ".[13]

Eine in Deutschland kaum bekanntgewordene kürzere Vorfassung unseres Textes, in der schon die drei Formen des Allgemeinen — empirische Generalisation, allgemeine Wortbedeu-

---

[10] Kant und Herder. Einleitung. 5.
[11] Ethik der Neuzeit. 88—108. Siehe bes. 105.
[12] Vgl. Kapitel 8 innerhalb der Erörterung der „allgemeinen Grundlagen" und Kapitel 22 im Teil „Die Geschichte".
[13] Philosophie und Zeitgeist. 32.

tungen, apriorisches Grundwissen — entwickelt werden, hat Litt 1936 in der in Oxford erschienenen Cassirer-Festschrift veröffentlicht. Der Titel lautet fast übereinstimmend: „The Universal in the structure of historical knowledge".
Als „Ergänzung" der vorliegenden Schrift versteht Litt sein Buch „Die Selbsterkenntnis des Menschen" (1938). Dieses Thema benennt eine Aufgabe, an deren Lösung Geisteswissenschaft und Philosophie in enger Verbundenheit beteiligt sind. Sie umschließt ebenso die erkennende Bemühung, die das besondere Individuum auf sich richtet, wie das auf Selbsterfassung des Gattungswesens „Mensch" zielende Erkenntnisstreben. Das Buch untersucht die strukturellen Probleme, die sich von der Besinnung auf das individuelle Selbst bis hin zur Erkenntnis des „Allgemein-Menschlichen" stellen. Wiederum erfährt dabei die induktive Verallgemeinerung eine Zurückweisung zugunsten der übergreifenden Allgemeinheit, die sich in der Sprache vermittelt. —
Von der Leipziger Abhandlung des Jahres 1941 führen die Linien des Littschen Denkweges weiter zunächst zu den beiden Hauptwerken der späten Periode, die um die gleiche Zeit entstanden sind, aber erst nach dem Zweiten Weltkrieg im Druck erscheinen konnten: „Mensch und Welt", eine philosophische Anthropologie, und die wissenschaftstheoretische Untersuchung „Denken und Sein" (beide 1948). Erstere vergegenwärtigt die Bedürftigkeit und Bedrohtheit der menschlichen Existenz, um dann im Gegenzug die eigentümliche „Weltbedeutung des Menschen"[14] zu entwickeln. In diesem Zusammenhang werden die übergreifende Funktion der Sprache und die Selbstaufstufung des Geistes zu höchster Allgemeinheit erneut thematisiert. „Denken und Sein" verfolgt die „Frage nach Wesen, Verhältnis und Leistung der Wissenschaften"[15], die der Welt- und Selbsterkenntnis des Menschen dienen, und muß sich in seinen Analysen mehrfach auf die Struktur des Allgemeinen im Erkenntnisaufbau und auf das damit verbundene

---

[14] Dies der Titel eines Aufsatzes aus dem Jahre 1949.
[15] So Litt im Vorwort zu: Mensch und Welt.

Problem der Integration oder Ausklammerung des Besonderen konzentrieren.

Noch zu erwähnen sind hier die Schriften zur Theorie der Geschichte und der Geschichtswissenschaft, mit denen Litt nach 1945 noch einmal an seine philosophischen Anfänge (s. o.) anknüpft. Von der geschichtlichen Besonderung des Allgemeinen, auch unter dem Aspekt des „Seinsollenden", also der ethischen Dimension des Daseins, handelt am ausführlichsten die Abhandlung „Der Historismus und seine Widersacher" (1955)[16], die von der Sorge über die damals deutlich werdende Abkehr von der Geschichte getragen ist und dem Begriff des Historismus — nicht zuletzt durch die gerade hervorgehobene Neuinterpretation des Verhältnisses von Individuellem und Allgemeinem — eine positive Bestimmung zu geben sucht.

Begrifflich am prägnantesten wird das geisteswissenschaftlich Allgemeine von Litt in „Mensch und Welt" gefaßt. Er stellt es dort als das „Sinnallgemeine" dem „Sachallgemeinen" gegenüber. Im Bereich des Letzteren hat das Individuelle als das nicht Subsumierbare keinen Ort. „Es fällt, sub specie der Erkenntnis betrachtet, gleichsam ins Leere." Das Allgemeine der Selbstbesinnung dagegen, das übrigens nur auf dem Wege über das Sachallgemeine zu erreichen und somit diesem nicht etwa konkurrierend nebengeordnet ist, verbürgt nach Litt dem Besonderen als solchem seine Bedeutung. „Es ist das Individuelle am Menschen, das Individuelle der menschlichen Selbstgestaltung im Kleinen wie im Großen, was namens des Sinnallgemeinen ins Reich der Erkenntnis eingebürgert wird."[17]

IV

Unsere Ausgabe gibt den Text der Abhandlungen von 1941 in fotografischer Reproduktion wieder. Die wenigen Druckfehler wurden jedoch beseitigt. Auch die Paginierung wurde beibehal-

---

[16] In: Die Wiedererweckung des geschichtlichen Bewußtseins. 19—93.
[17] Mensch und Welt. 2. Aufl. 1961, 234 f. Im ganzen vgl. vor allem das 13. Kapitel.

ten. Um dieser wünschenswerten Übereinstimmung willen wurde in Kauf genommen, daß die Seiten 1—2, die im Original den Titel enthalten, in der Zählung ausgelassen sind.

Die Anmerkungen Theodor Litts folgen wie im Erstdruck am Schluß. Die bibliographischen Nachweise bedurften für den heutigen Leser einiger Präzisierung. Die geringfügigen Ergänzungen sind in eckige Klammern eingeschlossen.

Auf die erläuternden Anmerkungen des Herausgebers, die im Anhang beigegeben sind, wird im Text jeweils durch ein auf den Rand gesetztes Zeichen verwiesen.

THEODOR LITT

Das Allgemeine
im Aufbau
der geisteswissenschaftlichen
Erkenntnis

I. Die Praxis der geisteswissenschaftlichen Forschung

Seitdem die Geisteswissenschaften zum Bewußtsein ihrer Sendung erwacht sind, seitdem vollends die logische Besinnung auf ihre denkerische Leistung eingegangen ist, hat immer wieder eine Eigentümlichkeit dieser Wissenschaften ganz besonders die Aufmerksamkeit auf sich gezogen. Diese Eigentümlichkeit ist gegeben in Gestalt der Tatsache, daß die Geisteswissenschaften sich in zwei scharf unterschiedenen Klassen von Aussagen entwickeln. Ihre Aussagen beziehen sich einerseits auf Einmaliges, Individuelles — auf besondere Ereignisse, Taten, Werke, Personen, Gemeinschaften; sie beziehen sich andererseits auf Allgemeines — auf allgemeine Sachverhalte, Zusammenhänge, Abfolgen usw. In der Unterscheidung von „historischen" und „systematischen" Geisteswissenschaften gelangt dieser Gegensatz zu schärfster Ausprägung. Aber auch innerhalb der beiden hiermit unterschiedenen Gruppen kehrt er unübersehbar wieder. Denn einerseits wird kein Erforscher einer geschichtlichen Einzelerscheinung es sich nehmen lassen, seine Bemühungen um das Besondere durch solche Erwägungen zu unterbauen, die sich auf das zugehörige Allgemeine beziehen; ebensowenig wird er darauf verzichten, aus dem, was an dem Besonderen erkundet ist, Folgerungen zu ziehen, die über den Einzelfall hinaus ins Allgemeine vorstoßen. Andererseits ist es dem auf die Systematik irgendeines Kulturgebiets gerichteten Denken selbstverständlich, seine allgemeinen Sätze nicht nur durch den Rückgriff auf die einschlägigen Einzelbefunde zu erhärten, sondern auch in der Auslegung dieser Befunde zu erproben und zu bewähren. Es handelt sich also um ein Problem, das durch die gesamte Arbeit der Geisteswissenschaften hindurchgreift.

Dabei ist es durchaus nicht an dem, daß dieses für die Geisteswissenschaften so zentrale Problem nur für sie selbst von Bedeutung wäre. In diesen die Geisteswissenschaft bedrängenden Sorgen spezifiziert sich jenes „allgemeine", d. h. über den Bereich jeder

„besonderen" Wissenschaftsgruppe hinausgreifende Problem der Relation von Allgemeinem und Besonderem, das seit der Antike das philosophische Denken zu beunruhigen nicht aufgehört hat. Und zwar spezifiert es sich hier in einer besonders lehrreichen Form. Denn während die anderen Wissenschaften sich um solche Erkenntnisse bemühen, in denen das Besondere als solches nicht vorzufinden ist, während sie sich also einseitig an dem Allgemeinen interessiert zeigen, wenden die Geisteswissenschaften ihre Teilnahme nicht weniger dem Besonderen als dem Allgemeinen zu. Sie tun es mit einer solchen Eindringlichkeit, daß eine einflußreiche Wissenschaftstheorie in ihrer „individualisierenden" Tendenz * geradezu ihr unterscheidendes logisches Kennzeichen hat sehen wollen. Daß den Geisteswissenschaften am Besonderen so viel gelegen ist, das hat zur Folge, daß das Besondere nicht weniger als das Allgemeine, im Verein mit dem Allgemeinen, in ihren Ergebnissen angetroffen wird. Das läßt erhoffen, daß für die Klärung des allgemeinen Problems, welches dem Denken in der Relation Allgemeines-Besonderes aufgegeben ist, aus einer Analyse der Geisteswissenschaften besonders viel, ja vielleicht der entscheidende Aufschluß zu gewinnen ist.

Und nun zeigt es sich auch noch, daß dieses Problem, das scheinbar nur die wissenschaftstheoretische Reflexion angeht und beschäftigt, in Wahrheit den Kreis des in theoretischer Hinsicht Belangvollen weit überschreitet. Wie stets, so ist auch heute und gerade heute die wissenschaftliche Frage der theoretische Ausdruck einer Verlegenheit, die dem allgemeinen Bewußtsein der Zeit zu schaffen macht. Wenn eine Epoche von Tendenzen beseelt ist, die dem „Allgemein-Menschlichen" im Namen des rassisch und völkisch sich Besondernden den Krieg machen, ja geradezu das Dasein bestreiten, dann kann es nicht ausbleiben, daß die darin liegende Abneigung ihr Ursprungsgebiet überschreitet und das Allgemeine als solches, das Allgemeine überhaupt und schlechthin ergreift. Verdammungsurteile, die das Allgemeine in jeder Gestalt, also auch in Gestalt des allgemeinen Begriffs, vernichten wollen, sind heute an der Tagesordnung. Das Allgemeine gilt als Zuflucht jener schwankenden und feigen Seelen, die der Entscheidung für die konkrete Wirklichkeit (die stets eine einmalige und besondere sei) ausweichen möchten und sich deshalb in eine Zone der charakterlosen Indifferenz zurückziehen. Auch die Wissenschaft wird, soweit sie dem Allgemeinen zustrebt, den Verfallserscheinungen zugezählt, die das gesundende Zeitalter zu überwinden habe [1]. Bannflüche dieses Inhalts beweisen, daß es wahrlich nicht bloß eine interne Angelegenheit ist, der sich die Wissenschaft in der Bemühung um unser Problem widmet.

Wenn wir uns diejenige Beantwortung unserer Frage vor Augen stellen wollen, der vermutlich die Mehrzahl der im geisteswissenschaftlichen Forschungsbereich Tätigen, entweder auf Grund ausdrücklicher Besinnung oder auf Grund einer unreflektierten Gewißheit, zustimmen würde, dann müssen wir uns an denjenigen Philosophen wenden, dessen Wissenschaftstheorie den Vorzug hat, in enger Fühlung, ja in innigster Durchdringung mit der Praxis
* geisteswissenschaftlicher Arbeit entstanden zu sein: an W. Dilthey. Ihn hat das uns beschäftigende Problem niemals losgelassen. Es kommt schon zur Sprache in der „Einleitung in die Geisteswissenschaften" (1883). Und es wird eingehend und eindringlich behandelt in der letzten und reifsten Untersuchung, die Dilthey der geisteswissenschaftlichen Erkenntnis gewidmet hat: dem „Aufbau der geschichtlichen Welt in den Geisteswissenschaften" (1910). Ausdrücklich greift er in dieser Abhandlung auf die Problemstellung der „Einleitung" zurück und fragt nach dem „Verhältnis, in welchem hier das Einmalige, Singulare, Individuelle zu allgemeinen Gleichförmigkeiten steht" [2]. Und er schlägt den Weg einer geistesgeschichtlichen Betrachtung ein, um auf die ihm zusagende Antwort hinzuführen. Er passiert zunächst die einseitigen Lösungsversuche und glaubt dann in einem Ausgleich der Gegensätze die endgültige Auskunft zu finden. Das Denksystem der Aufklärung ist ihm der in seiner Art imponierende Versuch, die verwirrende Vielfältigkeit der menschlichen Kulturschöpfungen zurückzuführen auf „gesetzliche Verhältnisse, in festen Begriffen
* darstellbar, die überall gleichförmig dieselben Grundlinien des wirtschaftlichen Lebens, der rechtlichen Ordnung, des moralischen Gesetzes, des Vernunftglaubens, der ästhetischen Regeln er-
* wirken" [3]. Er läßt die Betrachtungsweise dieses „natürlichen Systems" abgelöst werden durch das entgegengesetzte Verfahren,
* in dem die „historische Schule" zu Allgemeinerkenntnissen vorzudringen suchte: indem sie „die Ableitung der allgemeinen

Wahrheiten in den Geisteswissenschaften durch abstraktes konstruktives Denken verwarf, wurde für sie die vergleichende Methode das einzige Verfahren, zu Wahrheiten von größerer Allgemeinheit aufzusteigen". ... „Die allgemeinen Wahrheiten bilden nach diesem Standpunkt nicht die Grundlage der Geisteswissenschaften, sondern ihr letztes Ergebnis" [4]. Ihm selbst scheint die Wahrheit in der Mitte zu liegen. Er leugnet eine Vorordnung sei es des Allgemeinen sei es des Besonderen; vielmehr findet er in den Geisteswissenschaften „alles durch das Verhältnis gegenseitiger Abhängigkeit bestimmt" [5]. Indem der Forscher eine Einzelerscheinung zu verstehen versucht, greift er auf die allgemeinen Sätze zurück, in denen die Erfahrung von dem Wesen geschichtlicher Zusammenhänge niedergelegt ist. Aber diese Erfahrung erweitert und bereichert sich hinwiederum, indem sie sich die mit ihrer Hilfe erforschte Einzelerscheinung einverleibt. So kommt es zu der These von der „gegenseitigen Abhängigkeit des Historischen und Systematischen". Die Erkenntnis schreitet in der Weise fort, daß „sich das historische Wissen des Singularen und die allgemeinen Wahrheiten in Wechselwirkung miteinander entwickeln" [6].

Weshalb die in diesen Sätzen vorgetragene Auffassung dem in der Praxis der Forschung Stehenden einleuchten muß, ist leicht ersichtlich. Sie läßt der Geisteswissenschaft Befugnis und Vollmacht zu solchen Sätzen, die über die Vereinzelung der besonderen Feststellungen hinausführen und somit weitere Horizonte erschließen — und sie hält zugleich, indem sie jede allgemeine Aussage auf die Bewahrheitung im Besonderen verpflichtet, die Versuchung zu konstruktiven und spekulativen Aufstellungen, diesem Greuel jeder gewissenhaften Forschung, in aller Strenge ferne. Blick für das Große und Andacht zum Kleinen — beides scheint hier aufs glücklichste verbunden. In der Tat spricht sich ja in den angezogenen Sätzen nichts anderes aus als jenes stetige Ineinander des Allgemeinen und des Besonderen, das wir schon oben in der Arbeit sowohl der historischen als auch der systematischen Geisteswissenschaft zu bemerken glaubten. Insoweit wäre also gegen diese Entscheidung nichts einzuwenden. Es fragt sich nur, ob mit ihr das Problem in seiner ganzen Ausdehnung und in seiner Tiefe ermessen ist. In dieser Hinsicht aber muß uns schon eine sehr einfache, ja fast banale Beobachtung stutzig machen.

II. Die geisteswissenschaftlichen Induktionen und die allgemeinen Wortbedeutungen

Nehmen wir einen Abschnitt aus einem beliebigen geisteswissenschaftlichen Werke vor, das allgemeine Erwägungen mit der Darstellung des Individuellen verbindet, so überzeugen wir uns sofort, daß jene und diese, ihres logischen Unterschiedes ungeachtet, ein Entscheidendes gemeinsam haben: sie sind **sprachlich formuliert**. Genauer gesagt: es sind dieselben sprachlichen Formeln, die sich nach Belieben der Erörterung allgemeiner Sachverhalte und der Darstellung individueller Erscheinungen zur Verfügung stellen. Diese sprachlichen Formeln aber sind Symbole von Wortbedeutungen, denen nun ihrerseits wieder der Charakter der Allgemeinheit eignet. Ein Singuläres zu bezeichnen ist ausschließlich Sache der Eigennamen. Diese können denn auch in keiner Erörterung fehlen, die auf Individuelles Bezug nimmt. Aber was über dieses so benannte Individuelle erforscht ist und ausgesagt werden soll, das muß in allgemeine Wortbedeutungen gefaßt werden, damit es eben — die Form klarer Erkenntnis annehmen und mitgeteilt werden könne. Damit kompliziert sich das zur Erörterung stehende Problem in folgender Weise: ein Allgemeines — nämlich die allgemeinen Wortbedeutungen — formt sich aus zu Sätzen einerseits allgemeinen, andererseits individuellen Inhalts.

Es sieht zunächst so aus, als ob an diesem doppelseitigen Sachverhalt nur die eine Seite zu weiteren Überlegungen Anlaß gäbe. Daß die allgemeinen Wortbedeutungen der Sprache sich zur Wiedergabe eines selbst wieder Allgemeinen schicken — das ruft keine Verwunderung hervor. Aber daß sie auch zum Ausdruck eines Besonderen taugen: in diesem Umstand scheint ein innerer Widerspruch zu liegen, der nach Auflösung verlangt. So versteht es sich leicht, daß Möglichkeit und Wesen der Dienste, die die allgemeinen Wortbedeutungen der geisteswissenschaftlichen Erkenntnis leisten, ganz vorzugsweise im Hinblick auf die **individualisierenden** Tendenzen dieser Erkenntnis, und das bedeutet: im Hinblick auf die Historie erforscht worden sind.

Allerdings ist es nicht eigentlich Dilthey gewesen, dem diese Schwierigkeit zu schaffen gemacht hat. Zwar hat das Problem des „Ausdrucks" ihn wie wenige beschäftigt. Aber es war ihm nicht unter dem Gesichtspunkt wichtig, was der Ausdruck in der Erkenntnisbemühung des geisteswissenschaftlichen Forschers leistet: nur als Moment am Gegenstand dieses Forschers trat es in seinen Gesichtskreis ein. Was ihn am stärksten bewegte, das war die Tatsache, daß menschlich-geistiges Leben nur unter der Voraussetzung dem Erkennen zugänglich wird, daß es sich in ausdrückenden Akten und Gebilden „objektiviert". Davon ist natürlich die andere Frage zu unterscheiden, welche Funktion die Ausdrücke der Sprache in dem geistigen Tun desjenigen verrichten, der an der Hand von solchen bereits vorliegenden Objektivationen zu dem in ihnen sich objektivierenden Leben den Zugang sucht. Diese Frage aber hat nun gerade die Aufmerksamkeit desjenigen auf sich gezogen, der die Erkenntnistheorie der Geschichte zur Strenge einer wirklichen Logik durchzubilden als seine Aufgabe ansah: H. Rickert. Unmöglich kann ja eine Logik der historischen Begriffsbildung darüber hinwegsehen, daß dieselbe Historie, der es immer um die Erfassung des Individuellen zu tun ist, im Verfolg dieses Strebens und in der Fixierung seiner Ergebnisse sich ohne Unterlaß in der Region des Allgemeinen bewegt. Untrügliches Zeugnis dessen die allgemeinen Wortbedeutungen, in denen wir den Ertrag ihrer Bemühungen niedergelegt finden! Die Lösung, durch die Rickert die hier vorliegende Schwierigkeit glaubt beheben zu können, ist sehr einfach. Seine Antwort lautet dahin, daß hier, anders als in den Naturwissenschaften, das Allgemeine lediglich in der Rolle eines unentbehrlichen „Mittels" auftrete, während der „Zweck" gerade die Erfassung eines Nicht-Allgemeinen, eines Einmaligen sei. Um überhaupt Erkenntnis, zumal mitteilbare Erkenntnis hervorzubringen, müsse sich das historische Denken der allgemeinen Wortbedeutungen als der „Bestandteile", der „Elemente" bedienen, aus denen es das Bild des darzustellenden Besonderen „zusammenfüge" [7].

Aber in dieser Erörterung ist das Problem zwar aufgezeigt, aber nicht gelöst. Im Gegenteil: es ist in Wendungen bezeichnet, die vom rechten Wege abführen. Alle die Ausdrücke, in denen hier die dienende Stellung des Allgemeinen gegenüber dem darzustellenden Besonderen bezeichnet wird, sind nichts weiter als äußerliche Analogien oder Bilder. Weder das Begriffspaar „Mittel-Zweck" noch die Vorstellung von einem „Zusammenstellen",

"Zusammenfügen", "Kombinieren" von "Elementen" zu einem Ganzen ist geeignet, das logische Problem als solches durchsichtig zu machen. Und die Bedenken, die gegen diese Redeweise anzumelden sind, werden nur verstärkt durch den Umstand, daß sie den Vorstellungen, durch die der "gesunde Menschenverstand" sich die Leistung der Sprache verständlich zu machen versucht, aufs genaueste entspricht. Auch dem Alltagsdenken ist es selbstverständlich, in den Ausdrücken der Sprache nichts weiter zu sehen als die "Mittel", die man wie bereitliegende Instrumente anwendet, um den "Zweck" der Kundgabe zu verwirklichen. Natürlich paßt dazu aufs beste die Annahme, daß man dieses Mittel, wenn nötig, auch in den Dienst eines Zwecks stellen könne, dem es in gewisser Hinsicht so wenig ähnlich ist. Die Beziehung, die in dem Begriffspaar "Mittel-Zweck" gedacht wird, ist von einer zu äußerlichen Art, als daß sie einer solchen Annahme im Wege stände. Und ebenso äußerlich und entsprechend variabel ist, wie offenkundig, auch die Beziehung, die als "Zusammenstellung" zu kombinierender "Elemente" vorgestellt wird.

Wenn dieser ganze Kreis von weitverbreiteten Vorstellungen, wie sich zeigen wird, an dem uns beschäftigenden Problem ein gründliches Fiasko erleidet, so tritt darin eine nur allzuoft übersehene Notwendigkeit zutage: die Notwendigkeit, die jeden Fortschritt der wissenschaftstheoretischen, ja sogar der erkenntnistheoretischen Einsicht an die Entwicklung der Sprachphilosopbie bindet. Die Geschichte der genannten Disziplinen ist eine fortlaufende Chronik der Irrungen, in die sich das Denken verstricken muß, wenn es diese Verbindung zu pflegen versäumt, und es bleibt ein Ruhmestitel von Herders philosophischem Denken, diese Notwendigkeit in der Auseinandersetzung mit Kants (die Sprache
* ignorierender) Erkenntnislehre energisch verfochten zu haben [8].

Der Irrtum, der sich in den beanstandeten Vorstellungen nur in bildlicher Verschleierung andeutet, nimmt greifbare Gestalt an, sobald Rickert darangeht, die "Mittel"-Funktion, die das Allgemeine in der geschichtlichen Erkenntnis zu verrichten habe, mit logischer Präzision zu bestimmen. Besonders aufschlußreich ist in dieser Hinsicht eine der von ihm aufgestellten Thesen. Sie besagt, daß der logische Akt, in dem über ein Besonderes geurteilt werde, der "Einordnung" dieses Besonderen in eine "Klasse" gleich-

komme. Damit ein Besonderes in allgemeinen Wortbedeutungen
dargestellt werden könne, müsse bereits eine wenn auch noch so
primitive „Klassifikation" derjenigen Phänomene vorausgegangen
sein, denen das zu bestimmende Besondere angehöre [9]. Danach
wären die allgemeinen Wortbedeutungen, die im Aufbau der geschichtlichen Erkenntnis als „Bestandteile", „Elemente", „Mittel"
fungieren, hinsichtlich ihres logischen Charakters den Begriffen
der klassifizierenden Wissenschaft gleichzuachten.

Indem Rickert das in Rede stehende Allgemeine als Frucht
einer Klassifikation interpretiert, rückt er es, was seinen logischen
Charakter angeht, nahe an jenes Allgemeine heran, das Dilthey
in Gestalt der allgemeinen Sätze der Geisteswissenschaften vor
Augen hat. Wiederholt bezeichnet der letztere das Vorgehen, durch
welches die Geisteswissenschaften zu solchen allgemeinen Sätzen
vordringen, als „ein der Induktion äquivalentes Verfahren" [10].
Das ist eine logische Kennzeichnung, die in dieselbe Richtung
weist wie Rickerts „Klassifikation". Zwar geht Dilthey nicht so
weit, dasjenige, was die geisteswissenschaftliche Induktion leistet,
einer in aller Strenge durchgeführten Klassifikationen gleichzusetzen. Es ist ihm nicht verborgen, wie weit die geisteswissenschaftlichen Induktionen hinter der Exaktheit wirklicher Klassen-
begriffe zurückbleiben [11]. Aber ein Entscheidendes ist den Verfahrensweisen gemeinsam, durch welche Rickert die allgemeinen
Wortbedeutungen, Dilthey die allgemeinen Aussagen der Geisteswissenschaften entstanden glaubt: ihre Möglichkeit hängt davon
ab, daß das Denken eine **Mehrzahl** von zusammengehörigen
Einzelphänomenen überblickt. Denn nur auf Grund einer vergleichenden Zusammenschau einer solchen Mehrzahl kann die
Bildung des Klassenbegriffs bzw. die induktive Verallgemeinerung
erfolgen. In beiden Fällen ist die Allgemeinheit des Erkannten
gleich der „Gemeinsamkeit" dessen, was in mehr oder minder
exakter Form an den Einzelerscheinungen übereinstimmend fest-
stellbar ist. Im einen wie im anderen Falle wäre das Allgemeine die
Frucht einer Zusammenfassung verglichener Einzelbefunde.

Allein ist nicht gerade dieser Parallelismus der logischen Auslegung geeignet, Bedenken hervorzurufen? Es macht eben doch
einen gewaltigen Unterschied aus, ob man die allgemeinen Aussagen der Geisteswissenschaften — oder ob man die allgemeinen

Wortbedeutungen, die wie jede Aussage so auch jede geisteswissenschaftliche Aussage, und wie jede geisteswissenschaftliche Aussage so auch jede allgemeine geisteswissenschaftliche Aussage überhaupt erst möglich machen, auf ihren logischen Charakter hin befragt. Es ist eine durchaus nicht selbstverständliche, ja es ist eine zumindest recht fragliche These, daß diese letzteren, die verglichen mit jenen ersteren einen so viel fundamentaleren Charakter tragen, gleichwohl mit ihnen in der logischen Struktur übereinstimmen. Wenn die Begriffe „Induktion" und „Klassifikation" dasjenige, was in der weniger fundamentalen logischen Dimension geschieht, angemessen bezeichnen, so muß aufs schärfste geprüft werden, ob durch sie auch das in der grundlegenden Dimension Geleistete getroffen wird.

Freilich müßte diese Prüfung als ein nicht nur unnötiges, sondern geradezu sinnwidriges Bemühen erscheinen, wenn dasjenige zutreffend sein sollte, was als herrschende Auffassung vom Wesen des „Allgemeinen" bis heute im Schwange ist. Soweit das durchschnittliche Bewußtsein sich überhaupt über das im Denken Geleistete Gedanken macht, scheint es ihm selbstverständlich, daß, was immer an Allgemeinem in seinem Gesichtskreis auftaucht, nichts anderes sein könne als das Ergebnis einer denkenden Bemühung, die aus einer Vielzahl von vergleichend zusammengehaltenen „Fällen" das ihnen allen Gemeinsame herausholt. „Abstrakt" heißen ihm die Begriffe deshalb, weil es sie dergestalt aus einer Vielzahl von Befunden „abgezogen" glaubt. „Induktion" und „Klassifikation" sind ihm also zumindest die Normalform, zumeist die einzig mögliche Form der Bildung allgemeiner Begriffe. Die Zähigkeit, mit der diese Meinung sich behauptet, kann nicht in Erstaunen setzen, wenn man sieht, wie zahlreich auch im Bereich der zünftigen Philosophie diejenigen sind, die das Wesen des Allgemeinen auf diese Weise endgültig und erschöpfend bestimmt glauben. Wäre die fragliche Meinung im Recht, dann wäre die von uns in Zweifel gezogene logische Parallelisierung nicht nur als möglich zu erwägen: sie wäre einfach selbstverständlich. Denn dann hätte ja alles Allgemeine einerlei Struktur.

Allein daß die Monopolisierung dieser Form des Allgemeinen nicht am Platze ist, das erweist sich schlagend gerade an demjenigen Allgemeinen, dessen logischer Charakter zur Erörterung steht: dem Allgemeinen der Wortbedeutungen [12]. Wir haben ✱ hier einen der nicht seltenen Fälle vor uns, in denen das Alltagsdenken, und leider nicht nur dieses, indem es einen Sachverhalt zu „erklären" bemüht ist, das durch die Erklärung Abzuleitende unvermerkt bereits der Ableitung zugrunde legt. Die allgemeinen Wortbedeutungen können aus dem einfachen Grunde nicht das Resultat einer Klassifikation sein, weil jede Klassifikation, sie sei so grob, oberflächlich und unsystematisch wie sie wolle, das Gefüge der Wortbedeutungen, die Sprache, voraussetzt. Denn was ist es, was in jeder Klassifikation vor sich gehen muß? Es muß eine Mehrzahl von Erscheinungen in gegenständlicher Bestimmtheit und klarer Abgrenzung aufgefaßt werden. Es müssen an einer jeden dieser Erscheinungen gewisse Einzelzüge so gegeneinander abgesetzt und voneinander unterschieden werden, daß eine Ablösung des in die Allgemeinheit zu Erhebenden möglich wird. Es muß ein Vergleich der in Betracht kommenden Erscheinungen vorgenommen und ermittelt werden, in welchen der voneinander unterschiedenen Züge sie übereinstimmen. Und es muß endlich das an dem beschränkten Kreis der vorliegenden Befunde Abgelesene durch Verallgemeinerung („Generalisierung") zum Rang einer universalen Wahrheit erhöht werden. Wir brauchen uns nicht auf die Frage einzulassen, in welchem sachlichen und zeitlichen Verhältnis die hier aufgeführten Teilleistungen zueinander stehen (eine Frage, deren Beantwortung jener ganzen Lehre von der „Abstraktion" den Boden entziehen würde): es genügt uns, festzustellen, daß das Gefüge dieser Leistungen nur als Werk des ausgebildeten Denkens möglich ist. Von diesem Denken aber läßt uns die Sprachphilosophie in zweifelfreister Form wissen, daß es nur Hand in Hand mit der sich vervollkommnenden Sprache zu der Entwicklungshöhe aufsteigen kann, auf der ihm dieses Werk vollziehbar wird. Unmöglich können die allgemeinen Wortbedeutungen der Sprache durch ein Verfahren hervorgebracht sein, dessen Ausübung überhaupt nur im Bunde mit dieser Sprache möglich ist.

Nun wäre es denkbar, daß die Gegenseite dieser ganzen Überlegung ihre Zustimmung nicht verweigerte und gleichwohl an der Behauptung festhielte, die allgemeinen Wortbedeutungen seien, soweit sie in der Wissenschaft überhaupt und speziell in der

Geisteswissenschaft auftreten, den Begriffen des klassifizierenden Denkens äquivalent. Denn — so könnte es heißen — wenn auch die Entstehung der allgemeinen Wortbedeutungen dem klassifizierenden Denken nicht gutgeschrieben werden dürfte, so sei damit keineswegs ausgeschlossen, daß dasselbe klassifizierende Denken sich der bereits entstandenen Wortbedeutungen bemächtige, um sie nach Maßgabe seiner logischen Bedürfnisse um- und emporzubilden, d. h. logisch zu präzisieren und so für wissenschaftliche Verwendung tauglich zu machen. Sofern die in Betracht kommenden Disziplinen auf den Titel der Geisteswissenschaften nicht zu verzichten gewillt seien, müsse ihnen die logische Säuberung und Präzisierung der durch die Sprache ihnen zugetragenen Wortbedeutungen selbstverständliche Pflicht sein.

Die damit gestellte Forderung wirkt um so überzeugender, als es eine umfassende Gruppe von Wissenschaften gibt, in der man sie in vollkommenster Form erfüllt findet. Soweit die Naturwissenschaften sich noch der aus der gewachsenen Sprache herkommenden Ausdrücke bedienen, werden sie von ihnen genau der Bearbeitung unterworfen, deren Richtung soeben gekennzeichnet wurde. Es ist die Bestimmung der „Definition", aus den von der Sprache übernommenen Ausdrücken die ihnen im Alltagsgebrauch anhaftende Unbestimmtheit und Vieldeutigkeit bis auf den letzten Rest auszutreiben. Warum sollte, was diese Wissenschaften willig auf sich nehmen, den Wissenschaften vom Geist erlassen werden? Warum sollten sie sich eine Bemühung ersparen dürfen, deren Möglichkeit und deren Erfolg durch die Naturwissenschaften außer Zweifel gestellt sind?

Auf diese Frage geben die Geisteswissenschaften gerade in denjenigen Aussagen, die auf Individuelles zielen, also in den Aussagen der Historie, die unzweideutigste Antwort. Prüfen wir die Voraussetzungen, durch welche Aussagen dieser Art möglich werden, dann wird es uns zur Gewißheit, daß eine Befolgung der ausgesprochenen Forderung die Aufgaben der individualisierenden Erkenntnis unerfüllbar machen würde. „Klassifikation" bedeutet nun einmal Absehen vom Besonderen zugunsten des den Einzelphänomenen Gemeinsamen. Keine „Kombination" der auf diese Weise gewonnenen „Begriffselemente" vermöchte nun doch wieder zu einem Besonderen und Einmaligen zurückzuführen. Die „Zusammenfügung" von lauter Allgemeinheiten würde höchstens ein näher bestimmtes Allgemeines, also ein Allgemeines von geringerem Allgemeinheitsgrade ergeben. Wollte die Geisteswissenschaft es darauf anlegen, den von ihr herangezogenen Wortbedeutungen das Gepräge klassifizierender Allgemeinheit zu geben, so würde sie sich damit automatisch von der Möglichkeit individualisierender Erkenntnis absperren. Fähig ist sie dieser Erkenntnis nur in vollkommener Solidarität mit einer Sprache, deren Bedeutungen gerade nicht den Charakter klassifizierender Allgemeinheit tragen.

Daß es eine solche Sprache gibt und von welcher Art die in ihr vereinigten Bedeutungen sind, darüber gewinnen wir Klarheit, sobald wir auf jenen ursprungsnäheren Zustand der Sprache hinblicken, der das klassifizierende Denken wegen seines Mangels an „Präzision" so wenig befriedigt. Es ist die noch im Prozeß wachstümlichen Lebens stehende, die noch nicht vom scheidenden Verstand beschlagnahmte Sprache, in der wir das Gesuchte vor uns haben. Gerade im Stadium ihres Werdens gibt sie uns von den Möglichkeiten, auf die das individualisierende Erkennen angewiesen ist, die überzeugendsten Proben. Ob wir uns nun an die überlieferten Zeugnisse urtümlicher Sprachgestaltung halten, ob wir die Vorgänge beobachten, in denen fort und fort vor unseren Augen sprachliches Leben sich neu erzeugt — immer wieder finden wir uns einer Sprache gegenüber, deren Sinnstruktur sich recht eigentlich in kontrastierender Abhebung von den Formen und Forderungen klassifizierenden Denkens bestimmt. Und zwar ist es gerade das Verhältnis dieser Sprache zum Besonderen, an dem dieser Kontrast mit letzter Schärfe hervortritt. Zwei streng zusammengehörige Tatsachen treten an ihr hervor. Es ist, von der Seite des Objekts her gesehen, das Besondere in seiner ganzen Konkretheit, das durch den sprachlichen Ausdruck ergriffen und festgehalten sein will [13]. Es ist, von der Seite des Subjekts her gesehen, die lebendige Teilnahme des ganzen Menschen an diesem bestimmten Besonderen, die der Seele den benennenden Ausdruck entlockt und als unverlierbaren Besitz einprägt. Dieses zweipolige Verhältnis ist, wie offenkundig, das genaue Widerspiel der Beziehung, die das klassifizierende Denken zwischen Objekt und Subjekt stiftet. Denn wo sie in Kraft tritt, da hat das Konkrete dem Allgemeinen den Platz zu räumen, und die persönliche Ergriffenheit des ganzen Menschen muß der kühlen Sachlichkeit der reinen Betrachtung weichen. Nun scheint es freilich, wenn man beide Relationen dergestalt nebeneinanderstellt, als könne unmöglich in jener ersteren das gelingen, was diese letztere fertigbringt: nämlich eine Mehrzahl von Erscheinungen in umfassendem Ausdruck zu vereinigen. Das Subjekt hat, so möchte man meinen, nur die Wahl, entweder sich in das Besondere zu versenken oder sich zum Allgemeinen zu erheben — es hat, so scheint es, zu wählen zwischen der Hingenommenheit dessen, der das Viele verschmäht, um des Einen sicher zu sein, und der Reserve dessen, der von dem Einen abläßt, um das Viele zu beherrschen. Wäre diese Alternative zwingend, so könnte aus der an erster Stelle genannten Situation alles andere, nur nicht — Sprache hervorgehen. Denn Sprache, d. i. ein Gefüge von Wortbedeutungen, liegt nur dort vor, wo der Ausdruck über die Einmaligkeit des vergänglichen Eindrucks hinausgeht. Eine Sprache, die nur Eigennamen enthielte, ist ein Unding. Allein die Alternative besteht nicht zu Recht. Daß der Ausdruck der lebendigen Sprache ursprünglich so ganz dem Besonderen verhaftet und so tief in dem Erleben dieses Besonderen verwurzelt ist, das nimmt ihm nicht die Möglichkeit, mit einem anderen Besonderen eine ebenso innige Verbindung einzugehen. Man irrt, wenn man meint, das Subjekt könne nur unter der Voraussetzung diese Übertragung vorzunehmen den Anreiz verspüren, daß es den Bund mit dem ersten Konkreten löse und sich auf den Standpunkt einer Betrachtung zurückziehe, die das Eine und das Andere, das Frühere und das Spätere als Objekte vergleichender Zusammenschau vor Augen hätte. Damit im zweiten Falle der nämliche Ausdruck zum Erklingen komme, ist nur dies erforderlich, daß das Subjekt sich von einem wiederum in voller Konkretheit Gegenwärtigen ähnlich so in der Totalität seines Gemüts angesprochen fühle, wie es ihm von seiten des ersten Besonderen widerfuhr. Ist ihm nur ähnlich so „zumute" wie damals, dann wird, ohne daß es erst der Reproduktion des Vergangenen und des prüfenden Vergleichs bedürfte, der nämliche Ausdruck aus dem Seelengrunde empordrängen, und er wird sich mit der Konkretheit dessen, was das Jetzt ausfüllt, genau so innig vermählen wie mit der Konkretheit dessen, was dem Damals zum Inhalt diente.

Es ist nicht dieses Ortes, weiter zu verfolgen, wie sich das damit vorgezeichnete Grundverhältnis im Fortgang des sprachlichen Werdens immer reicher entwickelt, immer vielseitiger gliedert und ausbaut — wie Stück für Stück die zufälligen und äußerlichen Anknüpfungen durch solche Verbindungen abgelöst werden, in denen das Gefüge der Dinge zur Geltung kommt. Es ist dies der Weg, auf dem die lebendige Sprache sich zu jener Gestalt durchbildet, in der sie dem ordnenden Denken zur Grundlage und zum Ausgangspunkt zu werden vermag. Uns genügt es, an der Frühform sprachlichen Werdens aufgezeigt zu haben: es gibt eine Form des bedeutungshaltigen Ausdrucks, die das Konkrete nicht nur nicht aufgibt, sondern erst recht ergreift und festhält, und die darum doch nicht am Einzelnen haften bleibt, sondern zu dem Verwandten und Zugehörigen Brücken schlägt. Von einer abstrahierenden Abtrennung des „Gemeinsamen", „Übereinstimmenden" sind diese Ausdrücke deshalb so ferne wie nur möglich, weil ein jeder von ihnen nur im Verein, ja nur in völliger Durchdringung mit dem Besonderen überhaupt einen Sinn hat. Der Versuch einer Ausscheidung des Besonderen würde einer Selbstzerstörung gleichkommen. Der Mangel an Präzision, den das klassifizierende Denken von seinem Standpunkt aus an diesen Ausdrücken zu tadeln findet, ist nur die Kehrseite dessen, was ihren eigentümlichen Vorzug ausmacht: der Sättigung mit konkretem Gehalt, die so wenig die Aussonderung eines Kreises von generellen „Merkmalen" wie die Verselbständigung des nach solchen Merkmalen fahndenden Denkens dulden will. Eben deshalb bildet der Schritt zum klassifizierenden Denken nicht die absatzlose Fortführung der im ursprünglichen Sprachleben wirksamen Tendenzen, sondern den — wie auch immer vermittelten — Bruch mit der naiven Haltung zu der Welt des Worts.

Wenn es aber nun gerade Wortbedeutungen der hier erörterten Art sind, die die Aufgaben individualisierenden Erkennens überhaupt erst erfüllbar machen, so hat das darin seinen Grund, daß die Sprache, auch wenn sie bereits zu der höchsten Stufe wissenschaftlicher Begriffsbildung emporgestiegen ist, jene ursprungsnäheren Formen der Ausdrucksbildung und -verwendung durchaus nicht in den Hintergrund treten oder gar verschwinden läßt. Im Gegenteil: es scheint, daß die lebendige Sprache sich durch die

Zuschärfung, die ihren Ausdrücken unter den Händen des reinen Denkens widerfährt, erst recht zur Verfeinerung der ursprünglichen Bedeutungswelt anspornen läßt. Wir brauchen nicht erst, um uns davon zu überzeugen, in Dichters Lande zu gehen. Auch die Alltagsrede ist ein einziges Zeugnis dieser Tatsache. Angenommen, ich sage von einem mir bekannten Menschen: „X ist ehrgeizig" — würde der Sinn dieses Satzes richtig getroffen mit der Auslegung, daß hier das Wesen der die Stelle des Subjekts einnehmenden Person durch „Subsumption" unter den die Stelle des Prädikats einnehmenden Klassenbegriff „Ehrgeizig" näher bestimmt werde? Diese Auslegung verbietet sich nicht nur aus dem Grunde, weil eine Angabe der die „Klasse" der Ehrgeizigen kennzeichnenden „Merkmale" schwerlich gelingen würde. Sie würde vor allem deshalb fehlgehen, weil es durchaus nicht im Sinne des Satzes liegt, den Charakter der Besonderheit nur dem durch den Eigennamen als individuell gekennzeichneten Subjekt beizulegen, hingegen mit der Wendung zu dem „allgemeinen" Prädikat aus der Sphäre der Besonderheit herauszutreten. Im Gegenteil: die Besonderung erstreckt sich ganz und unabgeschwächt auch auf das Prädikat. Die Bedeutung des Prädikats schließt für den Sprechenden die eigentümliche Tönung, die den prädizierten Ehrgeiz als den Ehrgeiz gerade dieses bestimmten Menschen charakterisiert, nicht aus, sondern ein. Es ist eben der gerade so und nicht anders qualifizierte Ehrgeiz gerade dieser bestimmten Person, der gemeint ist, nicht eine allgemeine Qualität „Ehrgeiz", die ebenso gut wie an ihr auch an so und so vielen anderen „Exemplaren" der gleichen Klasse festzustellen wäre. Daß der Sinn des Satzes dieser und kein anderer ist, leuchtet ein, sobald man das Urteil danebenstellt, in dem etwa ein Botaniker eine ihm vorgelegte einzelne Pflanze einer Klasse einreiht — ein Urteil, das die Besonderheit des zu bestimmenden Exemplars als völlig gleichgültig beiseite läßt. An diesem Gegenbeispiel bestätigt sich schlagend: das Prädikat des zu interpretierenden Satzes wird durch ein Allgemeines gebildet, das die Besonderheit nicht außer sich hält, sondern in sich bewahrt.

Wie aber — so ließe sich einwenden — wenn der Satz von jemandem ausgesprochen oder vernommen wird, der die als Subjekt genannte Person nicht kennt? Alsdann entfällt doch die Möglichkeit, den als Prädikat fungierenden Ausdruck mit einem Sinngehalt zu erfüllen, der die Besonderheit der als Subjekt genannten Person einschlösse. Was kann dann dem Prädikat anderes zur Sinnerfüllung dienen als das mit dem Klassenbegriff „Ehrgeiz" gemeinte Abstrakt-Allgemeine! Aber so ist es nicht. Ein völliger Ausfall des Konkreten würde nicht einen abstrakten Begriff, sondern ein Nichts an Sinn übriglassen. Zumindest die Forderung der inhaltlichen Konkretisierung strahlt von dem Subjekt des Satzes schon deshalb auf das Prädikat aus, weil dieses Subjekt ein Eigenname ist. Und die Erfüllung dieser Forderung wird wenigstens provisorisch geleistet durch stellvertretende illustrierende Vorstellungen, die, wenn auch noch so vage und kaum aussagbar geschweige denn definierbar, beim Anhören eines solchen Satzes ungerufen aufsteigen. Bleibt es nicht bei der einen Aussage über die fragliche Person, erweitert sie sich zu einem Bericht über ihr Sein und Tun, dann erfolgt das, was in Befolgung der grundsätzlichen Forderung geschehen kann und muß: an die Stelle vorläufiger Phantasiesurrogate treten mehr und mehr solche Vorstellungen, die die wirkliche Eigenart des Besprochenen treffen. Die Fortsetzung des Berichts wird erlebt als Erfüllung der mit dem ersten Satz erhobenen Forderung. Und mit der Erfüllung dieser Forderung gewinnt, in selbstverständlicher Rückwirkung, auch die an erster Stelle prädizierte Eigenschaft des Ehrgeizes das Gepräge, das ihr als Eigenschaft gerade dieser bestimmten Person zukommt. Man sieht: es ist in der Tat so, daß die nach und nach erfolgenden Angaben zu einem Ganzen zusammengehen. Aber dies Ganze bildet sich nicht durch äußerliche „Zusammensetzung" von abstrakten und in ihrer Abstraktheit verharrenden „Bestandteilen", sondern durch fortschreitende Anreicherung einer von vornherein konkreten und nach weiterer Konkretisierung verlangenden Anschauung. Unterbleibt aber die grundsätzlich postulierte Fortführung, so muß es eben bei der anfänglichen Verlebendigung des prädizierenden Ausdrucks sein Bewenden haben.

Wenn wir so die Grundverhältnisse, aus denen die Ausdrücke des urtümlichen Sprachlebens ihren Sinn gewinnen, in den Aussagen der herangereiften Sprache wiederkehren sehen, so gilt diese Entsprechung selbstverständlich auch für die Haltung des diese Aussagen produzierenden Subjekts. Auch von ihm ist zu sagen,

und die allgemeinen Wortbedeutungen 21

daß es die Beseelung der von ihm verwandten Ausdrücke nicht aus dem Abstande des betrachtenden Verstandes, sondern aus der Ergriffenheit des mitfühlenden Gemüts vollbringt. Aussagen nach Art des als Beispiel angeführten gewinnen nur dann einen vollgültigen Sinn, wenn das Wesen, auf welches die Aussage sich bezieht, so viel Teilnahme zu erwecken vermag (eine Teilnahme, wie sie natürlich ebensogut das mit Abneigung wie das mit Zuneigung Betrachtete hervorrufen kann), daß seine treffende Kennzeichnung als erwünscht empfunden wird. Ein bloß theoretisch gerichtetes Streben würde sich mit dem Besonderen so weit einzulassen weder einen Anlaß finden noch Neigung verspüren; es würde von ihm zu dem Allgemeinen weiterdrängen. Denn zu dem Allgemeinen fühlt sich das reine Denken schon aus dem Grunde unwiderstehlich hingezogen, weil es eine Vielzahl von Phänomenen zusammengreift und der Erkenntnis unterwirft. Es gilt also von dem als Beispiel herangezogenen Satz, daß er, für den Aussprechenden wie für den Anhörenden, nur dann das Niveau des gehaltlosen Geredes überschreitet, wenn in ihm wenigstens ein Minimum von der Interessiertheit lebt, die den besonderen Ehrgeiz gerade dieses bestimmten Menschen der Beachtung und Erwähnung würdig findet. Und entsprechend von allen Sätzen dieser Art. Das Vorhandensein dieses Interesses wäre aber in aller Form verneint, wollte man das Prädikat des Satzes dahin verstehen, daß mit ihm die „Einreihung in eine Klasse" erfolge.

Wir haben nun mit der Durchleuchtung dessen, was in der Rede des Alltags fort und fort geschieht, alle die Grundbedingungen beisammen, die auch die Leistung der individualisierenden Erkenntnis und damit der individualisierenden Geisteswissenschaft möglich machen. Sind wir über die Funktion im klaren, die die allgemeinen Wortbedeutungen in jener Rede ausüben, dann hat es auch mit dem Verständnis dieser Leistung keine Not. Nach beiden Seiten hin ist nämlich die Situation, in der die individualisierende Geisteswissenschaft, die Historie, ihr Werk verrichtet, derjenigen gleichartig, in der wir die lebendige Sprache ihre Ausdrücke bilden und verwenden sahen. Auf der einen Seite ist es auch dem historischen Denken darum zu tun, ein einmaliges Geschehen, eine einmalige Gestalt in ihrer ganzen Konkretheit und anschaulichen Bestimmtheit aufzufassen und festzuhalten. Diese Absicht, die sich rein äußerlich in der Verwendung von Eigennamen kundgibt, durchdringt auch die allgemeinen Ausdrücke, die zur inhaltlichen Erfüllung des mit dem Eigennamen Bezeichneten herangezogen werden. Keiner von diesen würde das ihm Obliegende leisten, wenn ihm als Bedeutung ein Abstrakt-Allgemeines eingelegt würde, dem die gerade in Rede stehende Einzelerscheinung zu subsumieren wäre. Nur in der vollkommenen Durchdringung mit konkret-anschaulichem Gehalt kann er seine Bestimmung erfüllen. Es liegt auf der Hand, ist auch schon früh bemerkt worden, daß die Meisterschaft des echten Historikers nicht zum wenigsten in der Kunst besteht, durch Wortwahl und Satzfügung der anschaulichen Erfüllung des Ausgesprochenen vorzuarbeiten und nachzuhelfen. Auf der anderen Seite gilt es auch von dem historischen Objekt, daß es nur so weit von innerem Leben erglühen kann, wie ihm von der Seite des Subjekts jene innere Teilnahme entgegenkommt, die sich von der reservierten Kühle des abstrahierenden Denkens so unverkennbar unterscheidet. Nur wenn ein wirkliches Lebensverhältnis dieser Art besteht oder sich anknüpft, kann der allgemeine Ausdruck als Moment und Vehikel konkreter Bildgestaltung seinen Dienst tun.

Das in diesen Sätzen zusammengefaßte Ergebnis ist in den oben angezogenen Forschungen zur geisteswissenschaftlichen Erkenntnis zwar vorbereitet und angedeutet, aber schon deshalb nicht zu voller Entwicklung gelangt, weil es sich in Bruchstücken auf die in Frage kommenden Denker verteilt. Die konkrete Verbundenheit von Objekt und Subjekt, die das geschichtliche Erkennen im Unterschied von allem „erklärenden" Bemühen des Verstandes fordert, hat Dilthey durch seine bahnbrechende Lehre vom „Verstehen" *
wohl endgültig zur Anerkennung gebracht. Dagegen bleibt bei ihm die Frage unbeantwortet, wie es möglich ist, daß dieser Drang zum Konkreten, indem er in einer Welt von allgemeinen Wortbedeutungen seine Befriedigung zu suchen genötigt ist, nicht nur keine Beeinträchtigung erleidet, sondern zur Erfüllung gelangt. Diese Seite des Problems hat nun wieder Rickert nicht nur gesehen, sondern auch energisch in Angriff genommen. Er ist dem springenden Punkt da am nächsten, wo er feststellt, daß der Historiker nicht nur faktisch darauf verzichtet, sondern auch grundsätzlich keinen Anlaß hat,

die von ihm herangezogenen allgemeinen Wortbedeutungen zur Exaktheit wissenschaftlicher Begriffe durchzubilden [14]. Allein er hätte, um von hier zum Entscheidenden durchzustoßen, einsehen müssen, daß dieser Verzicht mehr ist als ein Absehen von dem, was man nicht nötig hat. Er hätte einsehen müssen, daß er nur die notwendige Folgerung aus dem ist, was die Historie vor aller exakten Wissenschaft voraus hat. Die exakte Begriffsbestimmung unterbleibt nicht deshalb, weil sie überflüssig wäre — sie unterbleibt, weil sie dem, was das Allgemeine auf dem Boden dieser Wissenschaft leisten soll, schnurstracks zuwiderlaufen würde. Was hier bemerkbar wird, das ist nicht der Gradunterschied der größeren oder geringeren Exaktheit in der Bestimmung des Allgemeinen — es ist der Gegensatz desjenigen Allgemeinen, welches das Besondere in der Einheit mit sich selbst festhält, und desjenigen Allgemeinen, welches das Besondere als das zu Subsumierende von sich abtrennt. Weil in Rickerts Logik für das Allgemeine der ersteren Art kein Platz ist, darum kann sie auch dem (mit ihm solidarischen) Besonderen nicht die Würdigung angedeihen lassen, die ihm in Diltheys Theorie des „Verstehens" zuteil wird. Das tritt besonders deutlich gerade in denjenigen Ausführungen hervor, die darauf berechnet sind, für die Leistung des Verstehens im Rahmen dieser Logik Raum zu schaffen. Damit sie zu ihrem Recht komme, wird das, was der historischen „Darstellung" obliegt, in zwei „Teile" zerlegt. Der eine „grundlegende" Teil gibt das „rein begrifflich wissenschaftliche »Knochengerüst«". Der andere, lediglich „ergänzende" Teil liefert die „Umkleidung" dieses Gerüsts mit „anschaulich nacherlebtem und für den Leser anschaulich nacherlebbarem geschichtlichem Material" [15]. Eben dieser zweite Teil ist es, der dem grundsätzlich anerkannten, aber als durchaus subsidiär bewerteten „Verstehen" das Seine geben soll. In Wahrheit ist das, was er ihm gibt, nur ein Surrogat dessen, was ihm zukommt. Wer das Verstehen des Geschichtlich-Konkreten als bloße „Ergänzung" an das Begreifen des geschichtlichen Kerngehalts anhängt, der zerreißt die Einheit, in der alles geschichtliche Leben so gut wie alles geschichtliche Erkennen sein Wesen hat. Es ist die Sprache des Historikers, in der diese Einheit zu vollkommenster Darstellung gelangt, weil ihre Ausdrücke jede Scheidung dieser Art durch ihre Bedeutung Lügen strafen.

Wir blicken nunmehr, nachdem das individualisierende geisteswissenschaftliche Erkennen in seiner Grundstruktur geklärt ist, hinüber zu jenen allgemeinen Sätzen des geisteswissenschaftlichen Erkennens, denen die Ausdrücke der nämlichen Sprache zum Dasein verhelfen. Es sind die Sätze, die, wie Dilthey richtig gesehen hat, mit den Sätzen der individualisierenden Erkenntnis durch das Verhältnis wechselseitiger Förderung und Bereicherung verbunden sind. Von ihnen glaubten wir annehmen zu können, daß sie zu keinem logischen Zweifel Anlaß geben, weil sie die Allgemeinheit der Wortbedeutungen nicht der Darstellung eines Besonderen, sondern der Wiedergabe eines selbst wieder Allgemeinen dienstbar machen. Allein es ist nicht zu übersehen, daß gerade der bisherige Gang unserer Untersuchung auf eine Frage hinführt, die vor Eintritt in die Untersuchung nicht spürbar werden konnte. Sollte etwa im Bereich dieser Sätze, in denen die Allgemeinheit der Wortbedeutungen mit einem selbst wieder allgemeinen Sinngehalt zusammentrifft, jene Emporbildung zu logischer Exaktheit geboten sein, die sich bei der Darstellung des Besonderen verbietet? Sollte hier die Präzisierung der Wortbedeutungen zu Klassenbegriffen möglich und daher anzustreben sein? Ohne Zweifel ist diese Frage zu verneinen. Unmöglich kann eine Verallgemeinerung, die sich im Hin und Her eines ständigen Wechselverkehrs mit Einzelerkenntnissen bildet, berichtigt, bereichert und ausbaut, in ihrer logischen Struktur zu einer Exaktheit durchdringen, die den in die Verallgemeinerung eingehenden Einzelbefunden abgeht. Jeder Versuch einer solchen logischen Verfestigung müßte ja den Austausch zum Stocken bringen. Das durch geisteswissenschaftliche „Induktion" gewonnene Allgemeine muß sich in dem Zustand von Beweglichkeit erhalten, in dem es der Vermählung mit dem immer neu zuströmenden Besonderen fähig bleibt.

Daß auch in den allgemeinen Aussagen der Geisteswissenschaft Exaktheit nicht anzustreben ist — nicht in resignierendem Verzicht, sondern in Verneinung einer sachfremden Denkforderung — das hat sich besonders eindringlich in einem viel erörterten Kapitel der Wissenschaftstheorie zur Geltung gebracht: in den Diskussionen über das logische Wesen des „Typus". Allen zum Teil weit auseinandergehenden Deutungen dieser logischen Form ist die Einsicht gemeinsam, daß das in dem Typus gemeinte „Allgemeine" es nicht verträgt, zur Schärfe eines in Definitionsform fixierten Klassenbegriffs durchgebildet zu werden, sondern sich in einer Schwebe hält, die jeder Festlegung ausweicht. Auch hier heißt es erkennen, daß diese Unbestimmtheit nicht einen logischen Mangel bedeutet: sie ergibt sich als notwendige Folgerung daraus, daß der Typus die Fühlung mit der Mannigfaltigkeit der zugehörigen konkreten Erscheinungen aufrechterhalten muß, um seiner logischen Bestimmung genügen zu können. Jeder Versuch, seinen Sinn so zu fixieren, daß er sich in einer beschränkten Zahl aussagbarer Bestimmungen erschöpfte, würde diesen Sinn nicht durch logische Reduktion festigen, sondern durch Entleerung zerstören.

III. Das Apriori der Geisteswissenschaften

Nach dem bisher Ausgeführten sieht es so aus, als ob alles, was wir an Allgemeinem über Leben und Aufbau der menschlisch-geschichtlichen Welt wissen können, in Generalisationen der analysierten Art bestehe. Offenbar ist das auch Diltheys Überzeugung gewesen — eine Überzeugung, die aus den angeführten Gründen von der Mehrzahl der geisteswissenschaftlichen Forscher geteilt wird. Sollte sie begründet sein, so müßten wir uns eingestehen, daß unser allgemeines Wissen über das Gefüge der menschlich-geschichtlichen Welt nur einen sehr relativen Grad von Sicherheit erreichen kann. Denn selbst wenn die allgemeinen Sätze, in denen dieses Wissen niedergelegt ist, sich auf eine große und ständig wachsende Zahl von Einzelerfahrungen stützen sollten, so würde doch ein jeder dieser Sätze vermöge seines logischen Charakters im Schatten der Möglichkeit stehen, daß neue Einzelerfahrungen seine Revision nötig machten. Ein niemals zum Abschluß gelangender Wechselverkehr der dargestellten Art kann nur ein Wissen hervorbringen, daß sich ständig der Berichtigung offenhält und seine Zuverlässigkeit entsprechend vorsichtig einzuschätzen gut tut.

Allein ob eine Bescheidung bei solchem Wissen angezeigt, ja auch nur möglich ist, das muß aus Gründen von sehr prinzipieller Art fraglich erscheinen. Und es ist höchst lehrreich, sich davon zu überzeugen, daß derselbe Dilthey, der diese Bescheidung für geboten hält und in ihrer Notwendigkeit zu begründen versucht, in eben den Ausführungen, die er an diese Begründung wendet, ein Wissen von ganz anderer Art und ganz anderer Sicherheit — zwar nicht ausdrücklich anerkennt, wohl aber stillschweigend voraussetzt. Fragen wir nach dem Wesen desjenigen Wissens, aus dem heraus er Wesen und Grenzen des induktiven Wissens zu bestimmen versucht, so stehen wir im Angesicht desjenigen Wissens, das er im Wortlaut der zu prüfenden Aussagen ignoriert oder gar verleugnet.

Dilthey legt sich die Frage vor: wie entsteht historische Erfahrung (verstanden als allgemeines Wissen um die Grundzüge des menschlich-geschichtlichen Daseins)? In der Beantwortung dieser Frage geht er mit Recht von den leichter überschaubaren Vorgängen aus, in denen die sog. „Lebenserfahrung" des einzelnen Menschen sich bildet [16]. Eindringlich weiß er zu schildern, wie das eigene „Erleben", die gedankliche Vergegenwärtigung dieses Erlebens, das Auffassen des „Ausdrucks", in dem fremdes Erleben von sich Kunde gibt, und endlich das „Verstehen" dieses Ausdrucks zusammenwirken, um generelle Vorstellungen von menschlicher Art und menschlichem Treiben entstehen zu lassen — wie in der Verarbeitung dieser Erfahrungen gewisse „Gleichförmigkeiten" immer klarer hervortreten und in Gestalt von allgemeinen Aussagen festgehalten werden.

Damit ist zutreffend dargestellt, in welcher Weise der Mensch zu Werke geht, wenn es ihm um „Lebenserfahrung" zu tun ist — wie dieses Streben zu seinem Material kommt und was es mit seinem Material anfängt. Allein diese Darstellung will ja nicht lediglich gewisse Verfahrensweisen schildern, die sich als zu beobachtender Tatbestand am Menschen vorfinden. Sie würde an diesen Verfahrensweisen nicht ein so lebhaftes Interesse nehmen, wenn sie in ihnen nicht mehr vor sich zu haben glaubte als einen Kreis von faktisch gerade so und nicht anders verlaufenden Operationen, an deren Stelle sie schließlich ebensogut einen anderen zum Gegenstand der Schilderung erwählen könnte. Nein: was ihr diesen Kreis wichtig macht, das ist die Leistung, die sie durch ihn vollbracht glaubt. Indem sie den Ertrag der fraglichen Operationen als „Lebenserfahrung" bezeichnet, hebt sie das, was in ihrem Vollzuge geschieht, über das Niveau eines beliebigen beobachtbaren Tatbestandes empor: sie werden von ihr als Akte der Wahrheitsfindung anerkannt und ausgezeichnet. Es ist das — wie auch immer ergänzungs- und verbesserungsbedürftige — Wissen vom menschlichen Leben, das sie aus ihnen hervorgehen sieht. Sobald aber die Erörterung den von ihr ins Auge gefaßten Vorgängen diesen Charakter zuerkennt, bleibt sie nicht bei der bloßen Beobachtung dessen stehen, was sie als Tatbestand vorfindet. Bloße Beobachtung vermöchte nichts darüber zu sagen, ob das, was bei den fraglichen Operationen herauskommt, Einbildung, Wahn oder Wissen ist. Wer den einschlägigen Vorstellungen diesen bestimmten Geltungswert beilegt, der geht über das, was sich beobachten und durch Beschreibung festhalten läßt, entscheidend hinaus. Und zwar fügt er nicht bloß zu dem Beschreibbaren etwas hinzu, was dessen eigenen Bestand unberührt ließe. Seine Beschreibung ist von vornherein und in allen Teilen an dem orientiert, was über das Beschreibbare hinausliegt: sie sieht die Einzelvorgänge im Lichte des Ziels, dem sie nach ihrer Annahme mit Erfolg zustreben. Deutlicher gesagt: dieses Ziel ist über die ganze Beschreibung hin als Prinzip der Ordnung und Deutung vorausgesetzt.

Wir versuchen uns über Umfang und Gewicht dieses Vorausgesetzten Klarheit zu verschaffen. Was setze ich voraus, indem ich es dem Menschen zutraue, im Ineinandergreifen von Erlebnis, Ausdruck und Verstehen ein allgemeines Wissen um Menschliches zu erwerben? Ich setze voraus, daß er eine Vielheit von inhaltlich abweichenden Erlebnissen nicht bloß sukzessive durchläuft, sondern auch sie in einem verläßlichen Gedächtnis festzuhalten, in Akten der Erinnerung getreulich zu reproduzieren, nach ihrer Bedeutung zu würdigen, nach ihrem Zusammenhang zu begreifen, nach Unterschieden einzuteilen und nach Gruppen zusammenzufassen die Fähigkeit besitzt. Ich setze voraus, daß er seine Erlebnisse in sinnlich wahrnehmbaren Aktionen unwillkürlicher oder willkürlicher Art so aus sich herauszustellen vermag, daß sie dem Mitwesen zugänglich werden. Ich setze voraus, daß er den Ausdruck mitmenschlicher Erlebnisse richtig zu deuten, das dergestalt Erschlossene oder Mitgeteilte gleichfalls sachgemäß zu ordnen, mit dem eigenen Erfahrungsbestand zu vereinigen und den Ertrag dieser Vereinigung zu stichhaltiger Erkenntnis zu verarbeiten imstande ist. Nur wenn diese Voraussetzungen ohne Abzug zu bejahen sind, besteht die Darstellung zu Recht, die aus dem Zusammenspiel der geschilderten Operationen „Lebenserfahrung", und das heißt: echtes Wissen hervorgehen läßt.

Es kommt nun alles darauf an, von den hier unter dem Titel „Voraussetzung" zusammengefaßten Sätzen jede Deutung fernzuhalten, die darauf hinauslaufen würde, daß ihnen der Charakter wirklicher Voraussetzungen entweder genommen oder wenigstens nur in abgeschwächter Form gelassen würde. Das würde ganz sicher dann geschehen, wenn man sich überreden ließe, sie als Teil, Anhang oder Abschluß demjenigen Wissen zuzurechnen, das an ihnen seine Voraussetzungen hat, d. h. wenn man in ihnen das Ergebnis desselben induktiven Verfahrens erblicken wollte, das die auf ihnen fußenden Sätze hervorbringt. Wir kennen die Neigungen des durchschnittlichen Denkens, die diese Angleichung begünstigen, wo nicht fordern. Wer von keinem anderen „Allgemeinen" weiß als von dem durch Generalisierung von Einzelerfahrungen gewonnenen, dem muß es selbstverständlich sein, auch die als „Voraussetzungen" ausgezeichneten allgemeinen Sätze aus Induktion hervorgegangen zu glauben und so mit den Erkenntnissen, denen sie als Voraussetzung vorgelagert sind, in eine Linie zu rücken. Er meint dann, daß auch in Worten wie „Erlebnis", „Ausdruck", „Verstehen" und den um sie sich bildenden Sätzen nur dasjenige zusammengefaßt sei, was sich aus so und so vielen Einzelfällen der so benannten Betätigungen als durchschnittliche Auffassung ihres Wesens herauskristallisiert habe. Allein diese logische Nivellierung verbietet sich aus einem sehr einfachen Grunde. Angenommen, es wäre als psychologisches Faktum festzustellen, daß diese Sätze in concreto, d. h. von diesem oder jenem, von den meisten oder von allen Menschen auf dem Wege induktiver Verallgemeinerung gewonnen würden, so würde das nichts daran ändern, daß ein jeder der so Verfahrenden das, was er als Ergebnis der Induktion vorlegte, zugleich als Bedingung ihrer Gültigkeit voraussetzte. Denn der im Sinn seiner Aussage liegende Anspruch auf Geltung würde nur unter der Bedingung zu Recht bestehen, daß ihm als denkendem Subjekt diejenigen Leistungsmöglichkeiten zuzusprechen wären, die er durch Induktion ermittelt zu haben glaubt. Zwei Beispiele mögen das damit Gemeinte veranschaulichen. Daß das Erinnerungsvermögen, durch welches ich die Mannigfaltigkeit meiner „Erlebnisse" aus der Vergangenheit in die Gegenwart hineinhole, zuverlässig sei, das glaube ich vielleicht auf Grund einer Induktion, nämlich auf Grund der Erwägung behaupten zu können, daß es doch bereits in so und so vielen Fällen die Probe bestanden habe. Aber ich vergesse dabei, daß diese induktive Feststellung nur unter der Voraussetzung Zustimmung fordern darf, daß der Erinnerungsakt, in dem ich mir diese Vielzahl von Erprobungen zusammenfassend vergegenwärtige, seinerseits wieder Vertrauen verdient. Dieses Vertrauen darf ich aber dann nicht wieder durch Induktion aus früheren Bewährungen rechtfertigen wollen. Denn an diese früheren Bewährungen darf ich ja nur dann glauben, wenn auf die gegenwärtige Verlaß ist. Weiter! Daß es ein „Verstehen" gibt, welches durch Deutung von „Ausdruck", unwillkürlichem und willkürlichem, fremdes Seelenleben zutreffend erfaßt, davon glaube ich vielleicht deshalb überzeugt sein zu dürfen, weil dieses Vermögen sowohl mir selbst als auch unzähligen anderen Menschen schon so viele Proben seiner Leistungsfähigkeit abgelegt habe. Abermals eine induktive Verallgemeinerung! Aber dabei entgeht es mir, daß ich jeden einzelnen der Vorgänge, durch welche ich dieses Vermögen bewährt glaube, seinerseits wieder „verstanden" haben muß, um ihn als Beweismaterial heranziehen zu können. Das liegt ohne weiteres zutage, soweit ich mich auf solche Bewährungen des „Verstehens" berufe, die anderen Menschen beschieden waren. Denn woher soll ich um deren einschlägige Erfahrungen wissen wenn nicht durch das „Verstehen" sei es von ausdrücklichen Mitteilungen, sei es von deutungsfähigen Verhaltensweisen, die mir von dem Erfolg ihrer Verstehensbemühungen Kenntnis gaben! Aber auch wenn ich das ins Feld führe, was mir selbst an hierher gehörigen Erfahrungen zuteil geworden ist, bleibt das Grundverhältnis das gleiche. Auch ich, der ich heute ein ganz anderer bin als ich dann und dann einmal war, muß gleichfalls die Verstehensakte meines damaligen Ich (durch „Hineinversetzen") „verstehen", um sie mir mit der Gewißheit ihres Gelingens vergegenwärtigen zu können. Auch hier ist es also so, daß ich dem Vermögen, dessen Vertrauenswürdigkeit ich durch Induktion erhärten möchte, im Vollzuge der Induktion selbst das Vertrauen schenke, dessen Berechtigung zur Diskussion steht. Wir sehen: man kann sich nicht die Leistungskraft des Erinnerns durch abermaliges Erinnern, die Leistungskraft des Verstehens durch abermaliges Verstehen garantieren lassen. Man kann nicht die Gültigkeit der Induktion durch fortgesetzte Induktion nachweisen. Es ist und bleibt ein innerer Widerspruch, dasjenige, was notwendige Bedingung jeder Induktion ist, selbst wieder auf induktivem Wege ermitteln und sicherstellen zu wollen. Wie weit auch das Denken mit seinen induktiven Feststellungen ins Umfassende und Grundsätzliche zurückgehen mag, immer wieder sieht es hinter dem durch Induktion Auszumachenden dasjenige auftauchen, was jeder denkbaren Induktion als Bedingung vorausliegt.

Wir sagen demnach nicht zu viel, wenn wir den Sätzen, in denen diese Voraussetzungen ausgesprochen werden, im Verhältnis zu den durch Induktion gewonnenen Aussagen den Charakter der „Apriorität" beilegen. Es bedarf nicht näherer Ausführung, daß dem Begriff des „Apriori" damit ein Inhalt gegeben ist, der von dem durch Kant kanonisierten abweicht. Wir können, wenn wir Kants nicht immer ganz eindeutige Ausdrucksweise nach einer bestimmten Richtung hin präzisieren, den Unterschied folgendermaßen bestimmen. „Apriorisch" im Sinne Kants sind diejenigen Begriffe bzw. Sätze, die davon Rechenschaft geben, in welche logischen Formen das vom Subjekt Gedachte gefaßt sein muß, damit ihm der Geltungswert von „Erfahrung" beigemessen werden könne. „Apriorisch" in unserem Sinne sind diejenigen Begriffe bzw. Sätze, die davon Rechenschaft geben, welcher Leistungsformen das Subjekt des Denkens fähig sein muß, damit dem von ihm Gedachten der Geltungswert von „Erfahrung" beigemessen werden könne. Unser Begriff des „Apriori" schließt das mit dem kantischen Apriori Gemeinte insofern in sich, als natürlich, sofern es logische Formen von „apriorischer" Notwendigkeit gibt, zu den „apriorisch" zu bestimmenden Leistungsformen des Subjekts auch das Vermögen gehören muß, diese logischen Formen denkend anzuwenden [17].

Das hiermit aufgedeckte Apriori ist ein im strengsten Sinne des Wortes „Allgemeines". Denn es umfaßt, als „Bedingung der Möglichkeit", nicht nur alle wirklichen, sondern auch alle möglichen Fälle von induktiver Verallgemeinerung. Aber dieses Allgemeine kann aus dem einfachen Grunde nicht aus der Vielheit der Fälle, die es umspannt, „abstrahiert" sein, weil ein jeder dieser Fälle überhaupt nur unter Voraussetzung des in ihm Ausgesagten möglich ist.

Wir haben die Bedingungen, die dieses Apriori in sich zusammenfaßt, durch Analyse der „Lebenserfahrung" aufgedeckt. Es erhellt ohne weiteres, daß auf den nämlichen Bedingungen auch die Möglichkeit derjenigen „Erfahrung" beruht, die wir in den allgemeinen Sätzen der Geisteswissenschaft niedergelegt finden. Nur daß sich das Apriori auf diesem Felde in eben dem Maße ausweitet und kompliziert, wie das für diese Erfahrung bereitliegende Material den Umfang des einzelmenschlichen Daseins und seines Ertrags an Lebenserfahrung überschreitet. Erlebnis, Ausdruck und Verstehen müssen auch hier einander in die Hände arbeiten, damit gültige Erkenntnis zustande komme — aber ihr Wechselverkehr nimmt nun alle die Formen der Übertragung, Vermittlung und Überlieferung in sich auf, die erforderlich sind, auf daß zwischen räumlich und zeitlich weit voneinander abstehenden Geschlechtern Brücken des Verständnisses geschlagen werden können. Je mehr nun mit der Ausdehnung der Aufgabe die Bemühungen des Denkens an Weitläufigkeit und Kompliziertheit zunehmen, um so stärker macht sich das Gewicht der Voraussetzungen fühlbar, die erfüllt sein müssen, wenn die durch Induktion zu gewinnende „Erfahrung" den in diesem Namen liegenden Anspruch erfüllen soll. Man braucht, um sich dessen zu vergewissern, nicht in die Weite zu schweifen. Ein einziger Fall historischer Quellenbenutzung, wirklich bis auf den Grund analysiert, öffnet uns die Augen dafür, wie Vieles der betreffende Forscher bereits an Möglichkeiten der Berührung, Mitteilung, Erschließung, Darstellung voraussetzen muß, um seine Aufgabe auch nur in Angriff nehmen zu können. Das gilt ganz unabhängig davon, ob und wie weit er geneigt und imstande ist, sich von Umfang und Tragweite dieses geisteswissenschaftlichen Apriori Rechenschaft zu geben.

Was dieses Apriori enthält, das ist uns im Verfolg der Frage offenbar geworden, was in jeder generalisierenden Erkenntnis der Geisteswissenschaften als „Bedingung ihrer Möglichkeit" vorausgesetzt ist. Es ist aber leicht einzusehen, daß dieses Apriori wie der generalisierenden so auch der individualisierenden geisteswissenschaftlichen Erkenntnis zugrunde liegt. Der Wechselverkehr, der, wie bemerkt, beide Gruppen von Erkenntnissen verbindet, setzt ja ein Gemeinsames voraus, das der Begegnung zur Grundlage dient, und es ist nichts anderes als dieses Gemeinsame, was in der beiderseitigen Geltung des nämlichen Apriori seinen logischen Ausdruck findet. Wenn wir z. B. in dem „Verstehen" eine Grundfunktion des geisteswissenschaftlichen Denkens anzuerkennen haben, so liegt es auf der Hand, daß diese Funktion so gut im Erfassen des Individuellen wie in der Vergegenwärtigung des dies Individuelle mitumfassenden Generellen am Werke ist. Die Durchleuchtung dieser Funktion bringt also der individualisierenden nicht weniger als der generalisierenden Geisteswissenschaft ihre notwendigen Voraussetzungen zum Bewußtsein.

Mit dieser Erweiterung der dem geisteswissenschaftlichen Apriori zukommenden Kompetenzen sind wir nun auch in der Lage, dasjenige an seinen logischen Ort zu stellen, was wir selbst im Vorausgegangenen über die Funktion der allgemeinen Wortbedeutungen im Aufbau der individualisierenden Erkenntnis dargelegt haben. Auch diese Darlegungen danken ihren Inhalt nicht der induktiven Verallgemeinerung dessen, was die Beobachtung des Wortgebrauchs in so und so vielen „Fällen" geisteswissenschaftlichen Sprechens gelehrt hätte. Was hätte bei einer solchen Beobachtung an logisch brauchbaren Ergebnissen herauskommen können! Wir kamen zu der gesuchten Klarheit in der Verfolgung der Frage: Was muß den Ausdrücken der individualisierenden Geisteswissenschaft an Bedeutung innewohnen, wenn anders es ihnen gelingen soll, das Verstehen des Individuellen zu wecken und zu fördern? Und der im Lauf der Erörterung herangezogene Einzelfall hatte nicht die Bestimmung, für eine induktive Verallgemeinerung das Material herzugeben, sondern nur das, was stets und überall sein „muß", an einem Paradigma anschaulich zu machen. Was uns also über das Wesen des in den Wortbedeutungen präsenten Allgemeinen Aufschluß gab, das war dasjenige Allgemeine, über dessen logische Struktur wir uns in den letzten Überlegungen klar geworden sind.

Wir kehren nunmehr, nachdem wir das Apriori der geisteswissenschaftlichen Erfahrung aufgedeckt haben, zu den Darlegungen Diltheys zurück, die den Ausgangspunkt dieses Gedankengangs gebildet haben. Sie sind auf Grund des Ermittelten in das Licht folgender Überlegungen zu rücken.

Dilthey fragt nach der logischen Struktur der allgemeinen Aussagen in den Geisteswissenschaften. Er glaubt ihren logischen Charakter dahin bestimmen zu sollen, daß sie nur im Wechselverkehr mit den individualisierenden Aussagen der Geisteswissenschaften, also nur auf dem Wege der Induktion zustandekommen können. Was die Geistesgeschichte an gegenteiligen Meinungen und Versuchen kennt, wird von ihm als „konstruktive" Gewaltsamkeit verworfen. Allein er würde in dieser Hinsicht vorsichtiger geurteilt haben, wenn er sich dazu verstanden hätte, diejenigen Aussagen, in denen seine eigene Auffassung sich entwickelt und begründet, auf ihre logische Struktur hin zu untersuchen. Denn diese Aussagen haben ohne Zweifel Allgemeines zum Inhalt, und doch hieße es ihren logischen Charakter gründlich mißverstehen, wollte man sie gleichfalls auf induktive Verallgemeinerung zurückführen. Ist doch das, was diese Aussagen enthalten, nichts Geringeres als ein grundlegender Beitrag zur Klärung des geisteswissenschaftlichen Apriori, von dem wir gerade erkannt haben, daß es nicht aus induktiver Verallgemeinerung hervorgegangen sein kann. In der Trias „Erleben, Ausdruck, Verstehen" haben wir geradezu das Kernstück derjenigen Begriffe vor uns, die, wie es oben ausgedrückt wurde, „von den Leistungsformen Rechenschaft geben, deren das Subjekt fähig sein muß, damit dem von ihm Gedachten der Geltungswert von »Erfahrung« beigemessen werden könne". Wenn wir uns fragen, warum Dilthey es unterlassen hat, auf die logische Struktur seiner eigenen Aussagen zu reflektieren, so kann darauf nur geantwortet werden, daß er einem Hang des Denkens zum Opfer gefallen ist, der schon mehr als einen Philosophen daran gehindert hat, bis zum letzten vorzustoßen: er ließ sein Denken völlig durch dasjenige in Beschlag nehmen, was ihm als Gegenstand der Untersuchung vor Augen stand — in diesem Falle die seelischen Hergänge, in denen die induktiven Aussagen der Geisteswissenschaften entstehen — und versäumte darüber die Rückwendung auf die Aussagen, in denen er selbst diesen seinen Gegenstand aufzuklären beschäftigt war. So mußte dasjenige Allgemeine seiner Aufmerksamkeit entgehen, von dessen Bestehen und Bedeutung er durch den Gehalt seiner eigenen Ausführungen Zeugnis ablegte.

Indessen scheint hier eine Erwiderung am Platze, die den Vorwurf einer Versäumnis gegenstandslos machen würde. Ist denn das Allgemeine, das Dilthey bei einer Rückwendung auf sein eigenes Tun zu Gesicht bekommen hätte, wirklich ein den Geisteswissenschaften zugehöriges Allgemeines? Genauer gesagt: hätte er in den von ihm selbst vorgetragenen Aussagen bei ausdrücklicher

Zuwendung Sätze erkannt, denen im Ganzen der geisteswissenschaftlichen Erkenntnis ein Platz gebührte? Nur in diesem Falle wäre ja der Einwand gerechtfertigt, daß er die allgemeine Erkenntnis der Geisteswissenschaft, deren Aufklärung sein Thema war, nur unvollständig in Betracht gezogen habe.

Es sieht so aus, als ob, wenn die Frage in dieser Klarheit gestellt wird, ihre Verneinung selbstverständlich wäre. Wie sollten Sätze, die über die Bedingungen möglicher Geisteswissenschaft Auskunft geben, selbst ein Stück Geisteswissenschaft sein! Wie sollte das Vorausgesetzte ein Teil dessen sein können, das an ihm seine Voraussetzung hat! Etwas so Ungereimtes anzunehmen scheint um so weniger Anlaß, als die fraglichen Sätze, wie man bei näherem Zusehen zu bemerken glaubt, die Geisteswissenschaften überhaupt nicht in einer so besonderen und ausschließlichen Weise angehen, wie bis zu dieser Stelle angenommen wurde. Der Komplex von Voraussetzungen, den wir für die Geisteswissenschaften als ihr Apriori meinten reservieren zu sollen, hat in Wahrheit ein sehr viel größere Verbreitung. Mit diesen Voraussetzungen rechnet jede ernsthafte Denkbemühung, was auch ihre Absicht und ihr Gegenstand sein möge. Vertrauen zur Zuverlässigkeit des Gedächtnisses, zur ordnenden Kraft der Vernunft, zur Fähigkeit des Aussprechens, des Mitteilens, des Verstehens muß doch wohl überall vorhanden sein, wo man überhaupt das Wagnis des Denkens auf sich nimmt. Es mag Pflicht der Philosophie sein, diese Voraussetzungen, die normaler Weise gemacht, aber nicht ausdrücklich expliziert werden, in das Licht des denkenden Bewußtseins zu erheben. Aber wenn sie sich dieser Pflicht annimmt, so ist nicht zuzugeben, daß sie damit ein Werk verrichtet, das die Geisteswissenschaften näher berührte als irgendeine andere Bestrebung des geordneten Denkens. Sollte dem so sein, so hätte Dilthey nichts unterlassen, was er seinem besonderen Thema schuldig war.

An diesem Einwand ist so viel richtig, daß das in Frage stehende Apriori in der Tat die Bedingungen fixiert, die allerwärts gelten müssen, wo überhaupt „Erfahrung" gleichviel welchen Inhalts angestrebt wird. Allein das schließt nicht aus, daß es trotzdem mit den Wissenschaften vom Geist in einem besonders engen, ja einem einzigartig verpflichtenden Verhältnis steht. Wann immer das im Apriori Ausgesprochene als Voraussetzung einer Erkenntnisbemühung in Kraft tritt, die sich auf die „geistige Welt" richtet, gewinnt es eine Bedeutung, die ihm zweifellos nicht zukommt, so lange es einem nicht auf den Geist bezüglichen Erkenntnisstreben zugrunde liegt. In dieser letzteren Funktion wird es uns besonders durch die Erkenntnisarbeit der Naturwissenschaft vor Augen geführt. Der Erforscher der „Natur" kann es sich gestatten, auf die ausdrückliche Vergegenwärtigung des Apriori, das er nicht weniger als der Erforscher des Geistes voraussetzt, Verzicht zu leisten, denn das, was in diesem Apriori ausgesagt wird, trägt nichts zur Bestimmung dessen bei, was er erforschen will. Es kann unbeleuchtet in seinem Rücken liegenbleiben, ohne daß der Bestimmung seines Gegenstandes dadurch Abbruch geschähe. Wollte der Erforscher des Geistes dem Apriori ebensowenig Beachtung schenken, dann würde er dem seine Aufmerksamkeit versagen, was dem von ihm zu Erforschenden — zum mindesten als notwendiger Teil angehört. Was er in seinem Rücken liegen läßt, das kann nicht unbeachtet bleiben, ohne daß die Bestimmung seines Gegenstandes zu kurz käme. Denn darüber ist doch kein Zweifel möglich: jene „Leistungsformen", von denen das Apriori Rechenschaft ablegt, sind Betätigungen eben des Geistes, dessen Wesen zu bestimmen sie eingesetzt werden, und damit ein Teil desjenigen, was durch sie bestimmt werden soll. Jene Grundfunktionen, durch welche die Erhellung der geistigen Welt möglich wird, haben innerhalb der Welt, die zu erhellen sie eingesetzt werden, ihre wohlbestimmte Stelle. Das Bild dieser Welt würde unvollständig sein, wenn sie nur an ihm tätig, nicht in ihm vertreten wären. Man sieht: nur hier ist die Lage die, daß das Apriori, indem es die Bedingungen der Gegenstandsbestimmung ausspricht, auch schon mit der Gegenstandsbestimmung selbst den Anfang gemacht hat. Die Erforschung dessen, was selbst nicht Geist ist, weiß nichts von solcher Verschränkung.

Nun aber ist die vorläufig zugelassene Redewendung, die das im Apriori Aufgedeckte einen „Teil" dessen nannte, was zu erforschen der Wissenschaft vom Geist obliegt, durch eine angemessenere Kennzeichnung zu ersetzen. Denn sie wird der wirklichen Bedeutung des im Apriori beschlossenen Wissens nicht von ferne gerecht. Bedenken wir doch, daß die in der Begriffstrias „Erlebnis, Ausdruck, Verstehen" erfaßten Betätigungen des Geistes nicht erst in der Arbeit der Wissenschaft auftreten, nicht nur in der Arbeit der Wissenschaft eine Sendung zu erfüllen haben. Sie durchziehen als notwendige Grundverrichtungen das menschlich-geistige Dasein in all seinen Dimensionen und Provinzen. Die Aufklärung der Dienste, die die allgemeinen Wortbedeutungen der Wissenschaft vom Geist leisten, war nicht zum wenigsten deshalb so aufschlußreich, weil sie zeigte, daß die Wortbedeutungen dieser Wissenschaft gerade durch diejenigen Eigenschaften unentbehrlich sind, die ihnen schon im vor- und außerwissenschaftlichen Leben der Sprache zukommen. Entsprechendes gilt von allen den Leistungsmöglichkeiten, von denen das geisteswissenschaftliche Apriori Rechenschaft gibt. Sie alle führen in der Erfüllung der Obliegenheit, die ihnen in der Erkenntnis des Geistes zufällt, nur solche Funktionsweisen zu einer gewissen Vollendung, die im außerwissenschaftlichen Bereich erwachsen und großgezogen sind. Daraus erhellt, daß die im Apriori liegende Aufklärung nicht nur einen „Teil" der geistigen Welt ins Licht rückt, sondern das ganze Grundgerüst des geistig-menschlichen Seins, und zwar mit Einschluß seiner sinnlich-leiblichen Seite (Ausdruck, Sprache!), in Begriffe faßt. Genauer gesagt: die Begriffe, die zunächst dasjenige festzulegen bestimmt sind, was die Wissenschaft vom Geiste möglich macht, erhellen von hier aus auch das ganze Gefüge des Lebens, das sich in dieser Wissenschaft auf sich selbst besinnt, und damit das Gefüge derjenigen Wirklichkeit, an der diese Wissenschaft ihren Gegenstand hat. Oben haben wir das Insgesamt der Voraussetzungen entwickelt, die in den Begriffen „Erlebnis, Ausdruck, Verstehen" enthalten sind. Wer dieses Insgesamt überschaut, dem kann es nicht zweifelhaft sein, daß in ihm in der Tat die Grundstruktur alles wahrhaft menschlichen Daseins aufgedeckt ist.

Unfraglich verrichtet also die Wissenschaft von der „geistigen Welt" ihr Werk unter Bedingungen, die im Gesamtbereich der wissenschaftlichen Forschung nicht ihresgleichen haben. Sie allein ist darauf angewiesen, die Grundzüge des von ihr zu Erforschenden nicht in der Weise ausfindig zu machen, daß sie ihrer, geradeaus blickend, als der am Gegenstand hervortretenden Bestimmungen ansichtig würde, sondern so, daß sie sie, rückwärts blickend, als die schon im Visieren des Gegenstandes enthaltenen Voraussetzungen ans Licht bringt. Man lese aus diesem Satze nicht mehr heraus, als in ihm enthalten ist! Nicht so ist er zu verstehen, als ob das Denken, ehe es sich dem Geist als seinem Gegenstand überhaupt zugewandt, sich des mit dieser Zuwendung Vorausgesetzten vorweg in einer abgeschlossenen Überlegung zu versichern auch nur die Möglichkeit hätte. So wenig sich ein Verhalten begreifen läßt ohne Rücksicht auf die Voraussetzungen, durch die es möglich wird, so wenig sind diese Vorausetzungen zu begreifen ohne Rücksicht auf das Verhalten, das durch sie möglich wird. „Voraussetzungen" sind eben immer Voraussetzungen von etwas. Was feststeht, ist nur dies, daß, ist dies unzerteilbare Grundverhältnis als solches einmal erkannt und anerkannt, die Klärung der Voraussetzungen aus dem einfachen Grunde die logische Prärogative haben muß, weil jede einzelne der durch sie ermöglichten Leistungen, deren Zahl unbegrenzt ist, schon mit ihrem Bestehen rechnet. Weil die Wissenschaft vom Geist nicht einen Schritt tun könnte, ohne mit ihm auch schon das Ganze dieser Voraussetzungen in Kraft zu setzen, darum ist es ihr vordringlichstes Geschäft, das dergestalt Vorausgesetzte bis in den innersten Grund hinein zu erhellen und über sich selbst aufzuklären. Es ist, um in der Sprache des Idealismus zu reden, ihre erste Aufgabe, das in ihr „Vorausgesetzte" zu „setzen", d. h. ins denkende Bewußtsein zu erheben, ausdrücklich namhaft zu machen, nach seinem Gehalt, seinem Gewicht, seiner Tragweite zu explizieren und damit gleichsam in aller Form auf sich zu nehmen [18].

Wie notwendig es ist, diese Ordnung des Vorgehens einzuhalten, das lehren die Irrungen, denen das Denken nur allzu leicht zum Opfer fällt, sobald es wider sie verstößt. Erst wenn es sich der fraglichen Voraussetzungen in ihrem vollen Umfange versichert hat, ist es gefeit wider die Gefahr, als vermeintliches „Ergebnis" empirischer Forschung solche Sätze vorzutragen, in denen das in aller empirischen Forschung Vorausgesetzte und damit die Möglichkeit dieser Forschung selbst verneint wird. Diese Gefahr ist wahrlich nicht klein. Es gibt keine Geisteswissenschaft, deren Geschichte nicht von den Irrtümern zu berichten hätte, die sich einzig und allein aus der Vernachlässigung der genannten Forderung ergeben haben und immer von neuem ergeben. Die Forschung könnte sich eine Unmenge von fruchtlosen Anstrengungen und leerlaufenden Bestrebungen ersparen, wenn sie sich entschließen wollte, ihre Arbeit nach Maßgabe des oben aufgestellten Postulats einzurichten. Drei Wissenschaften mögen das Recht dieses Satzes illustrieren: die Wissenschaft von der Seele, die Wissenschaft von der Gemeinschaft, die Wissenschaft von der Sprache. Kein Psychologe sollte es versäumen, sich die Frage vorzulegen, was er an Leistungsmöglichkeiten der Seele bereits voraussetzt, indem er eine psychologische Theorie, deren Erzeugung doch wohl auch den seelischen Tatbeständen angehört, aufzustellen und als „wahr" auszugeben den Mut aufbringt. Wäre diese Rechenschaftsablage niemals unterblieben, so wäre keine der psychologischen Lehren ans Licht getreten, deren Widerlegung die psychologische „Ganzheits"theorie so viel Mühe gekostet hat. Kein Soziologe sollte darüber hinwegsehen, daß er selbst, indem er eine Lehre von der Gemeinschaft ausdenkt, ausspricht, niederschreibt, veröffentlicht, verbreitet und verteidigt, das mit dem Namen „Gemeinschaft" bezeichnet Lebensgefüge mitsamt den in ihm beschlossenen Möglichkeiten, Anreizen, Förderungen, Notwendigkeiten als das Medium dieses seines eigenen Tuns voraussetzt und sich zunutze macht. Wäre diese Rechenschaftsablage niemals unterblieben, so würden weder Doktrinen vom Typus der „atomistischen" noch solche vom Typus der „kollektivistischen" Gesellschaftsauffassung Verwirrung gestiftet haben. Kein Sprachforscher sollte vergessen, daß er seine Theorie nur in engstem Bunde mit einer Sprache entwickeln, festhalten und kundtun kann, deren Leistungskraft er nicht sowohl im Zuge seiner Forschungsarbeit erst entdeckt und nachweist als vielmehr mit dem ersten Schritt dieser Arbeit bereits voraussetzt und in seinen Dienst stellt. Wäre diese Rechenschaftsablage niemals unterblieben, so würden die sprachlichen Bedeutungen niemals das Schicksal der Entleerung und Verflüchtigung erfahren haben, das ihnen durch positivistische, psychologistische, naturalistische Sprachtheorien so oft bereitet worden ist.

Wir können das Fazit aus alledem in dem Satze zusammenfassen: Keine empirische Geisteswissenschaft, zumal keine systematische Geisteswissenschaft ohne die zugehörige Philosophie — und das bedeutet: ohne das Ganze der Philosophie! Und zwar hat sich die damit geforderte Kooperation der Regel zu unterstellen, daß denjenigen Sätzen, in denen die Philosophie die notwendigen Voraussetzungen jeder empirischen Wissenschaft vom Geist ausspricht, vor allen Sätzen dieser Wissenschaft der Vorrang gebührt.

Wer es wagt, die Philosophie der empirischen Forschung dergestalt voranzustellen, der darf gewiß sein, daß er bei der Mehrzahl der auf diesem Felde Tätigen lebhaftem Widerspruch begegnen wird. Sie erblicken in der Proklamation dieser Forderung den Versuch, das Rad der Entwicklung wieder einmal kräftig rückwärts zu drehen. Die Wissenschaft vom Geist — so heißt es auf dieser Seite — sei erst dann zu unbehinderter Entwicklung gelangt, als sie die Vormundschaft der Philosophie abgeschüttelt habe. Jetzt werde ihr aufs neue zugemutet, das „fruchtbare Bathos der Erfahrung" zu verlassen und sich in die Botmäßigkeit einer Disziplin zu begeben, durch deren konstruktive Machtsprüche sie sich lange genug in der Verfolgung ihres eigenen Weges habe beirren lassen.

Allein diese Verwahrung, so starken Widerhall sie auch bei den Beteiligten finden würde, beruht auf einer radikalen Verkennung dessen, was hier für die Philosophie an Vorrechten in Anspruch genommen wird. Wenn dieser Philosophie ausdrücklich und allein die Aufgabe gestellt wird, diejenigen Voraussetzungen ins Licht des denkenden Bewußtseins zu erheben, die der fachwissenschaftliche Forscher, ob wissend oder nichtwissend, jeder einzelnen seiner Aufstellungen zugrunde legt — wie dürfte ihr dann der Ehrgeiz nachgesagt werden, durch konstruktive Festsetzungen in das Geschäft der empirischen Forschung hineinzureden! Gewiß darf die Philosophie, auch wenn sie sich streng in den Schranken dieses ihres Auftrages hält, sich vor der Anklage der Kompetenzüberschreitung nicht sicher fühlen. Denn allzu groß ist die Zahl der empirischen Forscher, die immer noch in dem größeren Teil von dem, was sie in Erfüllung dieses Auftrages ausspricht, nur die usurpatorische Vorwegnahme von dem erblicken können, was zuverlässig zu ermitteln und durch tragfähige Gründe zu stützen einzig und allein der empirischen Wissenschaft gelingen könne. Und wie oft glauben nicht die „reinen" Empiriker die Aussagen dieser Philosophie durch das Gegenzeugnis feststehender „Tatsachen" zu Fall bringen zu können! Der alte und niemals durch einen Friedensschluß zu beendende Krieg der Ideen- und der Erfahrungsgläubigen hat immer wieder Behauptungen dieses Inhalts gezeitigt. Aber immer wieder ist es auch diesen Behauptungen so ergangen, daß ihre Spitze von dem Angegriffenen auf den Angreifer zurückgebogen wurde. Denn in dem einen, milderen Falle lassen sie erkennen, daß ihr Verfechter es entweder nicht fertig gebracht oder überhaupt nicht versucht hat, sich die Voraussetzungen, auf denen sein eigenes Tun tatsächlich beruht, in vollem Umfange zum Bewußtsein zu bringen. Im anderen Falle wird durch sie geradezu bewiesen, daß der Anwalt der empirischen Forschung sich mit seiner eigenen Forschung auf Irrwege verloren hat. Denn es gibt keine Tatsachen, durch deren empirische Feststellung die Möglichkeit empirischer Tatsachenfeststellung verneint würde. Alle Einwände dieser Art zeigen nur, wie sehr derjenige, der sie vorbringt, es nötig hat, von der Philosophie über das in seinen eigenen Denkbemühungen Vorausgesetzte aufgeklärt zu werden.

Wenn er aber dann doch noch dieser Aufklärung deshalb mit Mißtrauen begegnet, weil sie sich nicht gleich seiner eigenen Erkenntnis durch empirische Befunde bewahrheiten lasse, dann ist ihm folgendes zu erwidern. Einmal ist es ein sinnwidriges Verlangen, dasjenige empirisch bewahrheitet zu sehen, was jeder möglichen empirischen Bewahrheitung als notwendige Bedingung vorauffliegt. Sodann aber steht es mißlicher Weise so, daß man unmöglich die Wahrheit derjenigen Sätze, die von den notwendigen Bedingungen aller induktiven Feststellungen Rechenschaft geben, anzweifeln oder verneinen kann, ohne daß diese Anzweiflung bzw. Verneinung sich auch auf die Gesamtheit derjenigen Sätze erstreckte, in denen induktive Feststellungen erfolgen. Denn diesen kommt genau und nur das Maß von Vertrauen zu wie den Funktionen des Denkens, durch welche sie hervorgebracht werden. Diese Funktionen des Denkens aber sind es ja gerade, von deren Leistungskraft die angefochtenen Sätze der Philosophie Zeugnis ablegen. Diese Sätze bestreiten heißt diese Funktionen anzweifeln, diese Funktionen anzweifeln heißt ihren Früchten, d. h. aber den induktiven Feststellungen mißtrauen.

Es ist wirklich nicht anders: die induktiven Ergebnisse der Forschung stehen und fallen mit den nicht-induktiven Sätzen der Philosophie, gegen welche die angebliche Überlegenheit der reinen Induktion ausgespielt wird. Aber nicht genug, daß die philosophische Aufklärung des Apriori, was die Sicherheit ihrer Geltung angeht, hinter den empirisch gewonnenen Wahrheiten nicht um Haaresbreite zurücksteht, hat sie ein logisch Entscheidendes vor ihnen voraus. Kein auf induktivem Wege gewonnener Satz kann einen solchen Grad von Sicherheit erreichen, daß seine Berichtigung oder Widerlegung durch neue Erfahrungen schlechthin ausgeschlossen wäre. Es liegt in seinem unablegbaren logischen Charakter, daß er sich der Revision ständig offenhalten muß. Wie aber steht es mit den auf die Induktion bezüglichen Sätzen der Philosophie (denen auch diese zuletzt vorgetragenen Sätze zuzurechnen sind)? Kann auch ihnen Geltung nur unter dem Vorbehalt zuerkannt werden, daß sie durch neue Erfahrungen abgewandelt oder gar umgestoßen werden könnten? Wollte man eine solche Berichtigung auch nur als ferne Möglichkeit offenlassen, so würde man diejenigen Sätze, die über die Bedingungen jeder möglichen Induktion Auskunft geben, selbst auf das Niveau induktiver Wahrheiten herabdrücken. Und man würde vergessen, daß der neue Befund, der der Annahme gemäß die Revision veranlassen soll, als Beitrag zur „Erfahrung" nur bei Erfüllung der Bedingungen gelten kann, die in den angeblich zu revidierenden Sätzen formuliert sind. Von beiden Seiten her zeigt sich also: es liegt im unveräußerlichen logischen Charakter der philosophischen Sätze, daß sie, in denen die Bedingungen jeder möglichen Erfahrung ausgesprochen sind, durch keine neue Erfahrung erschüttert oder gar umgestoßen werden können.

Natürlich darf der Hinweis auf dies logische Prae nicht so verstanden werden, als solle mit ihm nun doch dem Apriori etwas von der Festigkeit eines „Grundes" zugesprochen werden, der auch dann bestehen bliebe, wenn das auf ihm Gegründete nicht die Probe hielte. Nur als Zug an dem aufgedeckten logischen Gefüge, nur unter Voraussetzung der in ihm obwaltenden Relationen gibt es diesen logischen Rangunterschied. Aber innerhalb dieses Rahmens hält er dann auch jedem Zweifel stand.

Nachdem an den in Frage stehenden Sätzen der Philosophie nun auch noch diese Überlegenheit des Geltungscharakters hervorgetreten ist, ist es vollends offenbar, daß die empirische Geisteswissenschaft, was ihr Verhältnis zur Philosophie angeht, zwischen zwei und nur zwei Möglichkeiten zu wählen hat: entweder Erfahrungswissen anstreben, dann aber auch die Sätze bejahen, in denen die Bedingungen möglichen Erfahrungswissens niedergelegt sind, oder diese Sätze verneinen, dann aber auch das Streben nach Erfahrungswissen als unerfüllbar fallen lassen!

Dieselben Gründe, die der empirischen Forschung die Geltung des apriorischen Wissens anzuzweifeln verbieten, entziehen auch einer anderen Bemängelung den Boden, die ihm nicht selten von der nämlichen Seite her widerfährt. Hat sich die Wahrheit der fraglichen Einsichten als unangreifbar erwiesen, dann wird der Wert der durch sie gewonnenen Erleuchtung angefochten. Es geschieht mit der Begründung, sie seien zu „formal", zu „abstrakt", als daß dem Wissen an ihnen sonderlich gelegen sein könne. Das ist im Grunde nichts anderes als der soeben kritisch beleuchtete Einwand, nur so umgewendet, daß er nicht mehr die Geltung, sondern die Wissenswürdigkeit des in den apriorischen Sätzen Ausgesagten betrifft. Es ist wieder die inhaltliche Bestimmtheit, die Handgreiflichkeit des empirisch Aufzeigbaren, die gegen die angebliche Leere und Verblasenheit des apriorisch Begriffenen ausgespielt wird. Aber dieser Angriff wird nicht weniger an sich selbst zu nichte als sein logisches Seitenstück. Sein Recht wäre ja überhaupt nur unter der Voraussetzung diskutabel, daß empirische und apriorische Erkenntnis wie zwei säuberlich geschiedene Provinzen des Wissens nebeneinanderlägen und so miteinander verglichen werden könnten wie zwei Objekte, von denen ein jedes auch ohne das andere das sein würde, was es ist. Genau das Gegenteil ist der Fall. Folglich kann man nicht die Wissenswürdigkeit des apriorisch Aussagbaren bestreiten, ohne das mit ihm in strengster Verschränkung stehende empirische Wissen der nämlichen Mißachtung auszuliefern. Beide sind, sowohl was ihre Geltung als auch was ihren Wert angeht, durch vollkommenste Solidarität verbunden. Statt das apriorische Wissen durch den Vorwurf der Abstraktheit aus dieser Gemeinschaft herauszureißen, sollten die Angreifer sich lieber klarmachen, daß dieser Vorwurf, wenn überhaupt, nur gegen dasjenige Wissen erhoben werden kann, das ihnen, weil in der Empirie gegründet, vollkommen vor ihm gesichert scheint. „Abstrakt" dürfen allenfalls diejenigen Erkenntnisse heißen, die durch empirische Generalisation gewonnen sind. Denn sie können ja, wie wir wissen, nicht zustande kommen, ohne am Bestand des Konkreten die logisch geforderten Abstriche vorzunehmen. Das apriorische Wissen ist zu ähnlichen Eingriffen weder genötigt noch versucht.

Aber auch abgesehen von der aufgedeckten Selbstwiderlegung muß sich der Zweifler einer nicht zu duldenden Kurzsichtigkeit zeihen lassen. Denn es heißt doch wirklich vor Wesentlichstem die Augen verschließen, wenn man sich nicht eingestehen will oder kann, von welchem Gewicht dasjenige ist, was erst durch die apriorischen Sätze in die Helligkeit des Wissens emporgehoben wird. Merkt denn die empirische Forschung nicht, wie ungeheuerlich, wie kaum glaublich die Kraft des Sehens und Erschließens ist, die sie mit der unbefangen-selbstverständlichen Ausübung ihres Amtes sich selbst und damit dem Menschen überhaupt beilegt? Daß das individuelle Subjekt, dieses äußerlich gesehen so unsagbar vergängliche Geschöpf, die Fähigkeit besitzen soll, durch erinnernde Aufbewahrung, durch mitteilende Kundgabe, durch deutendes Verständnis, durch begriffliche Sichtung und Ordnung die Schranken seiner Sonderexistenz zu durchbrechen und sich über das Universum des geistigen Daseins auszubreiten — wer dies alles anzunehmen wagt, der hebt damit den Menschen zum Rang einer irdischen Gottheit empor. Denn er gibt ihm etwas von der Allgegenwart und Allwissenheit, die der Fromme dem Ewigen glaubt vorbehalten zu sollen. Und er läßt die durch solches Wissen erleuchteten Monaden in einem Geisterreich vereinigt sein, in dessen Unendlichkeit alle Enge der räumlich-zeitlichen Existenz, alle Beschränktheit des leiblichen Daseins zu einer untergeordneten Äußerlichkeit herabsinkt. Ist es nicht so, daß dies naiv Vorausgesetzte an grundsätzlicher Tragweite alles durch die Empirie Auffindbare hinter sich läßt? Wenn die Philosophie es als ihre Sache ansieht, das Ganze dieser Annahmen ans Licht zu ziehen und in Form des Begriffs zu explizieren, so verliert sie sich nicht in eine Scheinwelt von leeren und unfruchtbaren Abstraktionen, sondern sie lehrt den Forscher sich von dem unerhörten Anspruch Rechenschaft geben, den er mit jedem Schritt seines Vorgehens erhebt, und sich die Verantwortlichkeit des Beginnens eingestehen, dessen er sich als Vollstrecker dieses Anspruchs erkühnt. Und sie öffnet dem Menschen die Augen für die unsichtbare Welt, aus der heraus und in die hinein er unaufhörlich sinnt, redet und handelt, ohne ihre Gegenwart recht wahrhaben zu wollen.

Wir erkennen so in dem, was die empirische Geisteswissenschaft in der ganzen Breite ihrer Arbeit voraussetzt, nichts Geringeres als eine in ihren Grundzügen eindeutig festliegende Metaphysik. Es ist die vorherrschende Meinung, daß das metaphysische Denken erst dort einsetze, wo die empirische Forschung nicht mehr weiterkönne, wo sie an ihre „Grenzen" stoße. Und auf Grund dieser säuberlichen Aufgabenteilung glaubt man dann die Forschung in der Lage oder gar verpflichtet, gegenüber den großen Gegensätzen metaphysischer Weltdeutung die Neutralität zu wahren. Es ist nicht dieses Ortes, darüber nachzusinnen, ob das für die Naturwissenschaft zutrifft. Für die Geisteswissenschaft ist es nachdrücklich zu verneinen. Die Geisteswissenschaft steht und fällt mit einer bestimmten Metaphysik — mit derjenigen Metaphysik, in deren Sätzen das ausgesprochen ist, was sie unausgesprochen voraussetzt.

IV. Das Sichselbstwissen des apriorischen Wissens

Allein die Zweifel, denen die letzte Abwehr galt, sind auch mit dem Aufgeführten noch nicht zur Ruhe gebracht. Sie verlegen sich nur an eine andere Stelle — gleichsam eine Station weiter nach rückwärts. Auch wenn man sich entschlossen hätte, nicht nur das Gewicht der die geisteswissenschaftliche Empirie tragenden Voraussetzungen einzuräumen, sondern auch der ausdrücklichen Vergegenwärtigung dieser Voraussetzungen den gebührenden Wert zuzuerkennen, so könnte man immer noch die Frage stellen, was uns denn der umständliche Nachweis geholfen habe, daß das in dieser Vergegenwärtigung Erkundete den Charakter apriorischer Geltung trage. Das inhaltliche Was der fraglichen Voraussetzungen sei im wesentlichen bereits in Diltheys einschlägigen Untersuchungen entwickelt worden. Auf dieses Was aber komme es an. Was bei ihm vermißt werde, das sei nur die Rückbesinnung auf den logischen Charakter dieser seiner eigenen Enthüllungen. Es fehle sozusagen die logische Ortsbestimmung. Wenn nun die philosophische Reflexion die bei ihm unterbliebene Selbstaufklärung nachhole, so sei damit vielleicht etwas für die logische Theorie, aber für die Sache selbst nichts gewonnen. Das, was wir über den Geist als lebendige Wirklichkeit wüßten, habe durch diese Klärung keinen Zuwachs erfahren.

Man mache sich deutlich, daß, wenn wir die damit gestellte Frage aufnehmen, unsere Untersuchung sich abermals um eine Stufe höher erhebt. Was bis zu dieser Stelle unser Thema bildete, das war der logische Charakter und die innere Tragweite derjenigen Erkenntnis, die (um diesen ihren logischen Charakter selbst nicht wissend) die apriorischen Voraussetzungen der Geisteswissenschaften enthüllt. Dieses Thema ist jetzt zum Abschluß geführt. Unser nunmehriges Thema ist das Wesen und Gewicht derjenigen Erkenntnis, welche die Aufgabe dieser logischen Durchleuchtung erfüllt, also das Wesen und Gewicht eben der jetzt in unserem Rücken liegenden Überlegungen. Es hat demnach eine abermalige Rückwendung stattgefunden. An die Rückbesinnung, die dem Inhalt des Apriori galt, schließt sich die Rückbesinnung auf diese Rückbesinnung an. Man hüte sich wohl, diese erneute Aufstufung spitzfindig und haarspalterisch zu schelten! Verdiente sie überflüssig und künstlich provoziert zu heißen, so würde der gleiche Vorwurf auch und erst recht den Einwand treffen, der sie nötig machte. Denn die besagte Wendung hat immer dann schon stattgefunden, wenn dieser Einwand laut wird. Auch er entspringt einer Rückbesinnung auf die Rückbesinnung.

Es dient der Klärung dieses nicht leicht zu durchschauenden und oft verkannten logischen Verhältnisses, wenn wir uns rückblickend die Folge der Stufen vergegenwärtigen, in denen sich das Ganze der auf den Geist bezüglichen Erkenntnis aufbaut.

1. Die empirische (sowohl generalisierende als auch individualisierende) Erkenntnis der Geisteswissenschaften (die von der unreflektierten Praxis der Forschung erreichte Stufe).

2. Die Besinnung auf die Leistungsformen, durch welche die empirische Erkenntnis zustande kommt = Rückbesinnung auf die erste Stufe (die von Dilthey erreichte Stufe; der zweite Abschnitt unserer Untersuchung).

3. Die Besinnung auf den logischen Charakter und die innere Tragweite derjenigen Erkenntnis, durch welche diese Leistungsformen erfaßt werden = Rückbesinnung auf die zweite Stufe (der dritte Abschnitt unserer Untersuchung).

4. Die Besinnung auf den logischen Charakter und die innere Tragweite derjenigen Erkenntnis, durch welche diese Überprüfung geleistet wird = Rückbesinnung auf die dritte Stufe (der im Vorliegenden sich entwickelnde Abschnitt unserer Untersuchung).

Das Verhältnis der Stufen ist also dies, daß immer wieder auf der nächsthöheren Stufe die auf der voraufliegenden Stufe erfolgte Leistung in das Licht der Reflexion gerückt wird.

Die Zweifel nun, mit deren Erwägung wir zur vierten Stufe aufsteigen, haben ohne Frage etwas sehr Überredendes an sich. Gleichwohl ist ihnen gegenüber Mißtrauen schon aus dem Grunde geboten, weil wir in ihnen nur die Anfechtungen sich erneuern sehen, denen schon weiter abwärts eine Abweisung widerfuhr. Auch die Erkenntnis der zweiten Stufe sollte in ihrer Bedeutung mit der Begründung herabgesetzt werden, daß eine auf die Bedingungen der Erkenntnis zurückgehende Besinnung unmöglich zur Bestimmung des zu Erkennenden selbst beitragen könne. In der Prüfung dieses Einwandes — Aufgabe der dritten Stufe — stellte sich heraus, daß durch die Frage, in welchen Formen der Geist erkannt wird, zugleich die Frage nach dem Wesen des Geistes selbst unter verändertem Aspekt abermals gestellt wird, folglich in der Beantwortung diese Frage das Wissen um den Geist selbst sich fortentwickelt und anreichert. Wenn nun dem auf der dritten Stufe heimischen Wissen mit der gleichen Begründung die gleiche Abwertung widerfahren soll, so ist aufs neue zuzusehen — Aufgabe der vierten Stufe — ob nicht auch die nunmehr angezweifelte Erkenntnis die Schranken einer bloß für die Logik erheblichen Belehrung überschreitet und tiefer in die Wirklichkeit des Geistes selbst hineinführt.

Was die logische Durchleuchtung der fraglichen Erkenntnis angeht, so ist das Entscheidende bald gesagt. Wenn es auf der dritten Stufe noch eines erheblichen Aufwandes bedurfte, um an dem Wissen der zweiten Stufe sowohl seinen Unterschied von allem induktiven Wissen als auch seinen logischen Vorrang vor allem induktivem Wissen nachzuweisen, so darf sich die auf der vierten Stufe fällige Reflexion der entsprechenden Anstrengung überhoben fühlen. Sie braucht nur geltend zu machen, daß die durch sie zu prüfende Erkenntnis — diejenige der dritten Stufe — sowohl den besagten Unterschied als auch den besagten Vorrang nicht zu bemerken geschweige denn zu erhärten imstande wäre, wenn sie nicht, was ihren logischen Rang angeht, der durch sie in ihrem Vorrang bestätigten Erkenntnis — zum mindesten gleichgestellt wäre. Völlig ausgeschlossen ist es also, daß ihr etwa bloß der Rang induktiven Wissens zukäme. Ja, muß sie nicht sogar, um jenen Unterschied des Ranges sehen zu können und proklamieren zu dürfen, auch der von ihr als vorgeordnet qualifizierten Erkenntnis ihrerseits wieder vorgeordnet sein? Muß sie nicht im Verhältnis zu ihr dieselbe apriorische Stellung einnehmen, die sie ihr im Verhältnis zum induktiven Wissen bezeugt? Es sieht doch so aus, als ob wir an dieser Stelle ein „Apriori des Apriori" zu statuieren nicht umhin könnten — als ob hinter einem „Apriori ersten Grades" ein „Apriori zweiten Grades" sichtbar würde. Und hinter diesem zweiten Apriori scheint sich der Ausblick auf eine Reihe von weiteren und immer weiteren Überhöhungen aufzutun, die überhaupt keinen Abschluß kennt.

Allein hat die auf der vierten Stufe angelangte Reflexion wirklich Grund, hinter dem durch sie zu prüfenden Apriori eine solche Folge sich bis ins Unendliche emporsteigernder Aprioris zu postulieren? Diese Forderung aufzustellen könnte sie sich nur dann versucht fühlen, wenn sie vergäße, durch welche Beziehungen das ihrer Prüfung unterliegende apriorische Wissen, das Wissen um die „Bedingungen der Möglichkeit", mit dem nicht-apriorischen Wissen verbunden ist, um dessen Möglichkeit es weiß. Welches sind diese Beziehungen? Es würde kein nicht-apriorisches Wissen geben, wenn es nicht die „Voraussetzungen" gäbe, auf denen es fußt: diese aber sind die vom apriorischen Wissen gewußten Voraussetzungen. Es würde aber auch kein apriorisches Wissen geben, wenn es nicht die Voraussetzungen gäbe, um die es weiß: diese aber sind die vom nicht-apriorischen Wissen gemachten Voraussetzungen. Hier ist eins nur mit dem anderen und durch das andere. Und die Voraussetzungen, die dort gemacht, hier gewußt werden, bilden die Mitte, in der nicht-apriorisches und apriorisches Wissen sich verschränken. Was wir vor uns haben, das sind zwei Wissenskreise von verschiedenem Inhalt und verschiedener logischer Struktur. Aber diese Kreise liegen nicht äußerlich nebeneinander wie zwei „Gebiete", von denen ein jedes unabhängig vom anderen, ohne Rücksicht auf das andere das ist, was es ist, und auch beim Ausfall des anderen das bleiben könnte, was es ist. Nein: jeder der beiden Kreise ist, was er ist, nur in seiner Beziehung zum anderen, und sowohl die inhaltliche als auch die logische Verschiedenheit beider besteht nicht als ein Sachverhalt, den erst der hinzutretende Betrachter vergleichend festzustellen hätte: sie ist nur als Verschiedenheit der sich aufeinander Beziehenden, wie umgekehrt auch die Beziehung nur als Beziehung der sich voneinander Unterscheidenden sein kann.

Wenn das philosophische Denken nur allzuoft nicht dahin gelangt ist, sich diese wechselseitige, also auch für das Apriori verbindliche

Bezogenheit in ihrer ganzen Strenge zum Bewußtsein zu bringen, so ist dafür vor allem ein an sich durchaus richtiger Gedanke verantwortlich zu machen: der Gedanke an die logische Überlegenheit des apriorischen Wissens. Es liegt so sehr nahe, das Verhältnis, in dem diese Überlegenheit wurzelt, dem Verhältnis des Grundlegenden („Fundierenden") zu demjenigen, dessen Grund in ihm gelegt ist (dem „Fundierten"), gleichzusetzen. Gegen diese Auslegung ist so lange nichts einzuwenden, wie sie gewisse sich andrängende Anschauungshilfen fernzuhalten weiß. Aber diese Abwehr unterbleibt nur allzu oft. Und dann stellt sich prompt im Anschluß an räumliche Bilder die Vorstellung ein, daß zwar die Grundlage für das auf sie Gegründete, nicht aber umgekehrt dieses für die Grundlage nötig sei. Es scheint für das Fundierende nichts auszumachen, ob ein Fundiertes sich von ihm tragen läßt, auf ihm „aufruht" oder nicht. Das Fundierte erscheint in der Rolle des zusätzlich Beigegebenen. Verstärkend tritt die weitverbreitete Vorstellung eines Aufbaus in „Schichten" hinzu, die gleichfalls die Meinung begünstigt, daß zwar die weiter aufwärts liegende „Schicht" von der tiefer gelagerten, nicht aber diese von jener getragen zu werden verlange. Lauter Anschauungen, die man nicht zulassen kann, ohne das Verhältnis einseitiger Abhängigkeit selbstverständlich zu finden. Aber gerade die Anschaulichkeit dieser Vorstellungen ist es, die Mißtrauen hervorrufen müßte. Denn das Reich des Logischen ist nun einmal von einer Struktur, die keinen Vergleich mit räumlich-anschaulichen Verhältnissen verträgt. In diesem Reich gibt es keine einzige Provinz, die die anderen so „außer" sich hätte, daß sie gegen ihr Vorhandensein oder Nichtvorhandensein gleichgültig wäre. Eine jede von ihnen ist das, was sie ist, nur in der strengsten Bezogenheit auf die Gesamtheit der übrigen. Ihr strukturelles Gefüge ist geradezu eins mit dem Insgesamt dieser Relationen. Das gilt ohne Abzug auch für diejenige logische Region, der die logische Besinnung im Verhältnis zu einer anderen oder den anderen den Vorrang zuzusprechen hat. Dieser Vorrang verträgt sich nicht nur mit strengster Bindung: er ist geradezu diese Bindung, beurteilt nach dem Verhältnis, das sie zwischen den Gebundenen stiftet. Nur vermöge dieser allseitigen Verschränkung bilden die Provinzen des Wissens nicht ein Aggregat, sondern ein System [19].

Ermessen wir die logische Notwendigkeit, kraft deren das apriori-

sche Wissen mit dem nicht-apriorischen Wissen verschränkt ist, so fällt der Gedanke einer weiteren Aufstufung des Apriori in sich zusammen. Er kann nur diskutabel erscheinen auf Grund von Voraussetzungen, die der im Reich des Wissens gültigen Ordnung widerstreiten. Diese Ordnung ist verkannt und durchbrochen mit der Vorstellung, als könne das Apriori die Fühlung mit dem nichtapriorischen Wissen, die es als vorgebliches „Apriori ersten Grades" aufrechterhalten, aufgeben und sich in sich selbst in eben der Art weiter aufstufen, wie es mit dem Übergang von dem nichtapriorischen zum apriorischen Wissen tatsächlich geschah. Recht besehen kann diese Fortführung überhaupt nicht in Gang kommen, weil, sobald das Wissen um das Einzelne, Konkrete, „Individuierte" außer Sicht ist — und das würde beim Aufstieg zu dem vorgeblichen „Apriori zweiten Grades" der Fall sein — jeglicher Unterschied verschwindet, auf Grund dessen die Stufen sich voneinander abheben und zueinander in Beziehung stehen könnten. Ist die Frage nach den „Bedingungen der Möglichkeit" des nicht-apriorischen Wissens erledigt, und es wird dann doch noch in derselben Richtung weiter gefragt, dann kann nichts weiter herauskommen als eine eintönige und leere Wiederholung: auf die Bedingungen der Möglichkeit folgen die Bedingungen dieser Bedingungen usf. bis ins Unendliche.
* Und das ist dann wahrlich eine „schlechte" Unendlichkeit; denn was sollte aus diesem ufer- und konturlosen Einerlei an Wissen hervorgehen! In solche Ungereimtheiten kann sich die logische Reflexion verlieren, sobald sie das Apriori zu einer logischen „Schicht" verselbständigt denkt, die in Ablösung von der Fülle und Konkretheit des Nichtapriorischen einer autochthonen Entwicklung und Ausgestaltung fähig wäre.

Wenn wir also mit der letzten gedanklichen Wendung zu einer vierten Stufe der Reflexion aufgestiegen sind, so geschah dies durchaus nicht in der Absicht, dem auf der dritten Stufe aufgedeckten Apriori ein weiteres Apriori folgen zu lassen und so den Gang in die „schlechte" Unendlichkeit anzutreten. Im Gegenteil: die der vierten Stufe obliegende Rückbesinnung ist nicht zum wenigsten aus dem Grunde so heilsam wie unerläßlich, weil sie diesem progressus einen Riegel vorschiebt. Sie tut es, indem sie uns überzeugt, daß wir in dem auf der dritten Stufe enthüllten Apriori — an dem die Verschränkung mit dem Nicht-apriori zutage liegt — das

Apriori schlechthin und nicht lediglich seinen ersten Einsatz und Anlauf vor uns haben. Auf diese Weise wird der scheinbar unvermeidliche Fortgang ins Unendliche, der das Denken mit zunehmender Verflüchtigung bedroht, abgebrochen und das Apriori seiner ganzen Erstreckung nach ebenso streng an das Empirische gebunden, wie dieses sich an das Apriori gebunden zeigte. Es steht nunmehr fest: ist einmal das „erste" Apriori, das Wissen um die Voraussetzungen des empirischen Wissens, zu vollem Bewußtsein entwickelt, dann steht als weitere Leistung nur noch eines aus: die Reflexion auf die logische Struktur derjenigen Besinnung, durch welche dieses Bewußtsein zustande kommt. Diese Reflexion aber ist dann nicht mehr die Sache eines Wissens von höherem Rang, eines Wissens also, das in dem „ersten" Apriori ähnlich so ein Anderes und von ihm Verschiedenes sich gegenüber hätte wie dieses in Gestalt des empirischen Wissens. Sondern auf der vierten Stufe geschieht nur dies, daß das apriorische Wissen, wie es zuvor — Leistung der dritten Stufe — die Struktur des auf die Voraussetzungen der Empirie bezüglichen Wissens durchleuchtet, so nunmehr sich seine eigene Struktur bis auf den Grund durchsichtig macht. Kurz gesagt: das Wissen um das Apriori ist selbst apriorisches Wissen. Es ist Wissen nicht nur um das von ihm sich unterscheidende Wissen, sondern auch um sich selbst.

Es erübrigt sich, den Satz von der Apriorität jeglichen Wissens um das Apriori noch vor etwaigen Anzweiflungen in Schutz zu nehmen. Denn jede denkbare Anzweiflung könnte ja, soferne sie sich überhaupt durch Gründe zu stützen versuchte, nur Gründe von nicht-apriorischer Art, also empirische Feststellungen, ins Feld führen. Damit würde sie sich aber in den nämlichen Selbstwiderspruch verwickeln, dessen sich schon die weiter oben wiedergegebenen Einwände gegen das Apriori mußten überführen lassen: sie würde dasjenige Wissen zu stürzen versuchen, in dessen Zusammenbruch unweigerlich auch das empirische Wissen, also ihr eigener Kronzeuge, hineingerissen werden würde.

Daß das Erkennen mit dem Aufstieg zur vierten Stufe nicht einen Weg antritt, der es ins Unendliche entführen müßte, sondern nur die bereits passierten Stufen noch gründlicher in Besitz nimmt, das bringt sich in einem durchlaufenden Grundmotiv dieses gedank-

Das Sichselbstwissen des apriorischen Wissens 51

lichen Fortgangs besonders eindringlich zur Anschauung. Es ist das Grundmotiv der Sprache [20]. Wenn die Reflexion der zweiten Stufe alle geisteswissenschaftliche Erfahrung auf das Ineinandergreifen von Erlebnis, Ausdruck und Verstehen zurückführt, so hat sie damit auch schon die Sprache, diesen aus dem „Erlebnis" entsprungenen und ein optimales „Verstehen" ermöglichenden „Ausdruck", auf den ihr gebührenden Platz gestellt (weshalb denn auch unsere auf die allgemeinen Wortbedeutungen bezüglichen Erwägungen durchaus in diesen Zusammenhang hineingehörten). Indem nun die Reflexion, zur dritten Stufe aufgestiegen, den apriorischen Charakter alles dessen aufdeckt, was über das Grundgefüge von Erlebnis, Ausdruck und Verstehen erkundet wurde, hebt sie auch das, was sich über die Sprache an Letztem und Grundsätzlichem ausmachen läßt, über das Niveau bloß induktiver Feststellungen empor. Sie tut es, indem sie zeigt, daß, wer über Sprache denkt und redet, durch dieses sein Tun bereits die Leistungskraft der Sprache sowohl voraussetzt als auch bewährt. Aber diese die Erkenntnis der zweiten Stufe betreffende Enthüllung tritt in sinngetreuer Wiederholung abermals in Kraft, sobald die Erkenntnis der dritten Stufe ihrerseits wieder vom Licht der Reflexion bestrahlt wird. Denn dann kann es nicht verborgen bleiben, daß sie, die sich ja gleichfalls in sprachlicher Form entwickelt und vorträgt, mit diesem ihrem Tun der Leistungskraft der Sprache dasselbe Vertrauen schenkt, das sie dem Erkennen der zweiten Stufe nachweist. Und das Gleiche gilt dann endlich auch von der diese Feststellung treffenden Erkenntnis der vierten Stufe.

So sehen wir die Sprache als bleibendes Grundmotiv durch das Ganze dieser Gedankenbewegung hindurchgreifen. Was aber dieses ihr Durchhalten besonders lehrreich macht, das ist folgendes: es ist dieselbe und doch auch wiederum nicht dieselbe Sprache, der wir auf den Stufen dieses Aufstiegs begegnen. Inwiefern ist es nicht dieselbe? Die Sprache, die von den empirischen Geisteswissenschaften geredet wird, ist, wie wir durch die Reflexion der zweiten Stufe belehrt wurden, die konkrete, die mit Anschauung gesättigte Sprache des Lebens. Die allgemeinen Wortbedeutungen haben, wenn sie im Dienste dieser Wissenschaften auftreten, nichts von der Allgemeinheit begrifflicher Inhaltsbestimmungen an sich. Aber so ist es nur auf der untersten Stufe dieser Bewegung. Anders wird es schon mit dem Anheben der Reflexion, die uns über die Sprache der Geisteswissenschaften die soeben wiedergegebene Auskunft gibt. Zu dieser Auskunft würde sie außerstande sein, wenn die Sprache, die sie redet, mit der Sprache, von der sie redet, von einerlei Art wäre. Von Wesen, Funktionsweise und Notwendigkeit jener Sprache des Lebens kann nicht Rechenschaft gegeben werden in einer Sprache, die selbst nichts weiter wäre als eine fernere Äußerung eben dieser lebendigen Sprache. Diese Belehrung kann nur in einer Sprache erfolgen, die genau das an sich hat, was sie der von ihr besprochenen Sprache abspricht: die klare Bestimmtheit und eindeutige Festgelegtheit des Begriffs. Von den Freiheiten ursprünglich-wachstümlichen Sprachlebens läßt sich nur reden in Worten, die sich selbst diese Freiheiten versagen. Daß es so sein muß, geht schon daraus hervor, daß es apriorische Wahrheiten sind, die in dieser Sprache ausgesprochen sein wollen. Wie sollte die Unbedingtheit und Universalität der Geltung, die allen apriorischen Sätzen als solchen eignet, sich mit der Wiedergabe durch eine Sprache vertragen, die ihre Bedeutungen nicht der schwebenden Vieldeutigkeit der Alltagsrede enthoben und zu strengster Bestimmtheit durchgebildet hätte! Und von dieser Strenge wird die Sprache im weiteren Aufstieg des Gedankens nicht mehr entbunden. Ist es doch in diesem Aufstieg nur darum zu tun, das Wissen um das Apriori zur vollen Klarheit über sich selbst emporzuentwickeln. Es erfolgt also im Vollzuge dieses Stufengangs ein Umschlag: an die Stelle der unendlich bewegten, unbegrenzt bildsamen Sprache des Lebens tritt die zuchtvoll geregelte und zur Eindeutigkeit gestraffte Sprache des strengen Begriffs. Fürwahr ein Wandel von tief einschneidender Art! Und doch: ist es wirklich so, daß die eine Sprache von der anderen einfach so abgelöst würde, wie es der Ausdruck „an die Stelle treten" anzudeuten scheint? Keineswegs. Beide Sprachen sind genau so aufeinander angewiesen und ineinander verschränkt, wie empirisches und apriorisches Wissen es sind. Es gibt die Sprache des Lebens nicht anders als in Verwirklichung der Wesenszüge, von denen die Sprache der Reflexion redet. Und es gibt die Sprache der Reflexion nicht anders als im Bereden der Wesenszüge, die die Sprache des Lebens in sich verwirklicht. Und wenn es noch eines weiteren Beleges für die unlösliche Zusammengehörigkeit beider Sprachen bedürfte: es sind, recht besehen, gar nicht zwei Sprachen, deren Verhältnis hier zur Erörterung steht. Es ist eine und dieselbe Sprache, die uns beschäftigt, nur eben in zwei ebenso streng voneinander unterschiedenen wie aneinander gebundenen Formen ihrer Gestaltung. Wenn die Reflexion daran ist, Worte wie „Erlebnis", „Ausdruck", „Verstehen" zu der Bestimmtheit der Bedeutung zuzuschärfen, die sie erst zur Bezeichnung von Begriffen tauglich macht, so bleibt sie in doppelter Hinsicht der Sprache verhaftet, über die sie mit ihrer Präzisionsarbeit hinausstrebt: sie dankt ihr die besonderen Wortbedeutungen, um deren logische Präzisierung sie sich bemüht, und sie dankt ihr das Insgesamt der weiteren Worte, Wortbedeutungen und Wortfügungen, durch welche sie diese Präzisierung vorzunehmen und durchzuführen in den Stand gesetzt wird. Unsere Untersuchung ist eine einzige fortlaufende Illustration dieses Satzes. Durch ihr unverbrüchliches Festhalten an der Bedeutungs- und Formenwelt der gewachsenen Sprache gibt die Sprache der Reflexion handgreiflich zu erkennen, daß sie den Aufstieg über die Stufe der naiven Sprachwirklichkeit nicht in der Absicht unternommen hat, sich von diesem Mutterboden zu lösen und in den Äther einer „reinen", nur sich selbst gehörenden und aus sich selbst lebenden Begriffssprache zu entschweben. Sie bleibt vollkommen eins mit dem, was sie hinter sich zurückzulassen scheint.

Indem die Sprache als Sprache der Reflexion es fertig bringt, sich von sich selbst zu unterscheiden, sich über sich selbst zu erheben und dabei doch ihre Einheit und Selbigkeit ohne die kleinste Einbuße zu wahren, wird sie zur greifbaren Darstellung des Verhältnisses, das wir schon als Aufstieg des Wissens zu sich selbst kennenlernten. Genau so, wie die Sprache der Reflexion sowohl die von ihr sich unterscheidende Sprache — die Sprache der gelösten Anschauung — als auch sich selbst — die Sprache des strengen Begriffs — im Wort zu erfassen und zu sichern die Fähigkeit besitzt, genau so ist es dem Wissen der Reflexion gegeben, sowohl das von ihm sich unterscheidende Wissen — das Wissen der Empirie — als auch sich selbst — das Wissen des Apriori — im Geist zu erfassen und zu sichern. Besser gesagt: es ist ein und dasselbe Lebensgefüge, das dort als von sich selbst sprechender, hier als um sich selbst wissender Geist zur Verwirklichung gelangt.

Für die Leistung, die der Geist als von sich selbst sprechender und um sich selbst wissender Geist vollbringt, hat Hegel den treffenden Ausdruck „übergreifend" eingeführt. Übergreifend zu sein ist das Vorrecht dessen, was es fertig bringt, sowohl bei sich selbst als auch über sich selbst hinaus bei „seinem Anderen" zu sein, sowohl über sich selbst emporzusteigen als auch an sich selbst festzuhalten. Wer die „übergreifende" Macht des Geistes einmal voll ermessen hat, der hat aufgehört, sich vor dem Schreckgespenst eines ins Unendliche fortgehenden progressus des Denkens zu ängstigen. Hat die fortschreitende Besinnung es dahin gebracht, daß das Wissen des Apriori um sich selbst weiß, dann biegt sich der scheinbar nach vorwärts weiterdrängende Gedanke zum Kreise zurück, und die Unruhe der scheinbar keinen Abschluß zulassenden Bewegung weicht der Sicherheit des bei sich selbst angelangten und damit in sich selbst beruhigten Wissens.

So wird durch die Rückbesinnung der vierten Stufe die auf der dritten Stufe vollbrachte Leistung des Erkennens vor dem Verdacht der Vorläufigkeit geschützt: es ist etwas Endgültiges und Unüberholbares, was hier eingebracht ist. Kraft dieser ihrer Endgültigkeit schließt aber die fragliche Erkenntnis, wie uns die nämliche Rückbesinnung belehrt, auch die erlösende Antwort auf eine Frage in sich, mit der sich die Logik zu allen Zeiten nicht wenig und doch meist mit unbefriedigendem Erfolg abgemüht hat. Die alte und ewig neue Frage nach dem Verhältnis des Allgemeinen und des Besonderen kann erst richtig gestellt und folglich auch erst richtig beantwortet werden, wenn das Denken auf der Höhenlage der dritten Stufe angelangt ist Es ist weder Zufall noch Willkür, daß wir im Aufstieg zu dieser Höhenlage gewisse Formen, die dieses Verhältnis auch annimmt — Formen, die um ihrer Verbreitung und ihrer relativen Anschaulichkeit willen weithin als die normalen, wo nicht die einzig legitimen gelten — Revue passieren ließen. Dieser Fortgang gehorchte einer tiefen inneren Notwendigkeit. Denn einmal führt der einzige Weg zur Selbsterhellung jener endgültigen Gestalt über die vorläufigen Gestalten. Das Denken muß an den vorläufigen Gestalten das Unzulängliche der in ihnen sich anbietenden Lösung erfahren haben, um zur endgültigen Gestalt weitergetrieben zu werden. Andererseits gilt es nicht minder, daß die vorläufigen Gestalten als das, was sie sind und leisten, erst vom Standpunkt desjenigen Wissens aus durchschaut werden können, in dem sich die endgültige Gestalt ausprägt. Das Denken muß in der endgültigen Gestalt die vollkommene Lösung verwirklicht haben, um die vorläufigen Gestalten der Begrenztheit ihrer Herrschaft und der Bedingtheit ihrer Geltung überführen zu können. Es ist das uns bekannte Wechselverhältnis, zugespitzt auf das Problem „Allgemeines und Besonderes". Was wir, auf dieser Stufe angelangt, nicht mehr übersehen können, ist dies: weder durch die lebendigen Wortbedeutungen noch durch die beweglichen Induktionen der Geisteswissenschaft noch durch die strengen Klassifikationen der Naturwissenschaft werden Allgemeines und Besonderes so zueinander in ein Verhältnis gesetzt, daß sowohl dem einen als auch dem anderen vollauf Genüge geschähe. Es ist, als ob, was dem Besonderen an Inhaltsfülle erhalten bleibt, der Bestimmtheit des Allgemeinen vorenthalten werden müsse — als ob, was dem Allgemeinen an Schärfe zuwächst, der Konkretheit des Besonderen verlorengehe. Es ist, als ob die eine Seite immer etwas von dem draußen lassen müsse, worauf es der anderen Seite gerade ankommt. An dem logischen Schema der „Subsumption", in dem die herrschende Meinung die vorbildliche Ausgestaltung des fraglichen Verhältnisses erblickt, läßt sich dieses doppelseitige Ungenügen unschwer ablesen. Das Besondere muß, indem es sich der Subsumption unterwirft, diejenigen Züge zurücklassen, die, weil den zu subsumierenden Einzelbefunden nicht „gemeinsam", nicht als „allgemein" anerkannt werden können; es bringt also seine Besonderheit zum Opfer. Das Allgemeine, durch dieses Opfer des Besonderen scheinbar zu unbedingter Überlegenheit der Geltung emporgehoben, bleibt gleichwohl dem scheinbar Unterworfenen verhaftet, weil jederzeit ein neues Besonderes auftauchen kann, das die vermeintlich gesicherte „Gemeinsamkeit" durchbricht und so die Berichtigung des Allgemeinen erzwingt. Allgemeines und Besonderes werden also, soweit das Schema der Subsumption die Herrschaft behauptet, in ein Verhältnis gesetzt, dessen Labilität weder das eine noch das andere recht zur Ruhe kommen läßt. Ganz anders steht es um das Verhältnis des Allgemeinen und des Besonderen, wie es sich mit dem Aufstieg zum Apriori ausgestaltet. Hier kommt beides nicht in wechselseitiger Einschränkung, sondern recht eigentlich miteinander und durcheinander zu seinem Recht. Die Konkretheit des Besonderen hat nichts zu befürchten von einem Allgemeinen, das nur die Voraussetzungen ausspricht, die erfüllt sein müssen, damit das Besondere erkannt werden könne. Die Bestimmtheit des Allgemeinen hat nichts zu befürchten von einem Besonderen, das überhaupt nur unter den Voraussetzungen in Sicht kommen kann, die in dem Allgemeinen formuliert sind. Beide Seiten geraten einander nicht ins Gehege, weil sie sich nicht unmittelbar, sondern in einem Dritten — nämlich in den Voraussetzungen, die dort gemacht, hier bedacht werden — begegnen. Diese Vermittlung macht es möglich, daß die Fülle des Besonderen und die Strenge des Allgemeinen sich ohne Beeinträchtigung verschränken. Anders als im Schema der Subsumption gibt hier das Besondere dem Allgemeinen, das Allgemeine dem Besonderen den festesten Halt, ohne ihm das kleinste Zugeständnis zuzumuten.

Nichts bringt die Überlegenheit dieser Gestalt schlagender zum Ausdruck als die Tatsache, daß sie die anderen Gestalten des nämlichen Verhältnisses nicht als überholte Anläufe hinter sich läßt, sondern nach ihrem Wesen, ihrer Notwendigkeit und ihren Grenzen begreift und so dem Gesamtbau des Wissens einordnet. Als Wissen um die Leistungsformen des Geistes ist das Apriori sowohl das Wissen um dasjenige Allgemeine, das es in sich selbst verkörpert, als auch um diejenigen Gestalten des Allgemeinen, die, obwohl hinter ihm zurückstehend, von ihm nicht annulliert, sondern in ihren Grenzen bestätigt und begründet werden. Man sieht, wie heillos die im Reiche des Wissens gültige Ordnung verwirrt werden muß, sobald man die Logik des subsumierenden Denkens zum Range der Musterform erhebt. Diese unverdiente Auszeichnung hat zur notwendigen Folge, daß die Labilität, deren dieses Denken um keinen Preis ledig wird, auf das ganze Reich des Wissens übergreift, während die übergeordnete Kontrollinstanz, die diese Labilität sehen, begreifen und damit eingrenzen könnte, außer Tätigkeit gesetzt wird.

Soviel über die logische Tragweite der auf der dritten Stufe sich erschließenden Einsichten! Aber ist mit dieser Aufklärung auch schon erschöpft, was diesen Einsichten an innerer Bedeutung zukommt? Ist aus ihnen nichts zu entnehmen, was die lebendige Wirklichkeit des Geistes selbst erhellte?

Es gibt eine weitverbreitete und auch zu philosophischen Theorien ausgesponnene Meinung, mit deren Bejahung sich alles weitere Nachdenken über diese Frage erübrigen würde. Schon oft ist das

Verhältnis des Allgemeinen und des Besonderen in einer Weise bestimmt worden, aus der sich ergeben würde, daß jegliche Reflexion über dieses Verhältnis mit unentrinnbarer Notwendigkeit von der Wirklichkeit weg- und in die Sphäre des „bloß" Gedachten hinüberführte. Das würde besagen, daß auch die von uns hinsichtlich ihrer Tragweite zu prüfende Erkenntnis, die ja in einer Bestimmung des nämlichen Verhältnisses gipfelt, der Wirklichkeitsbeziehung ermangele und nicht mehr als logische Aufklärung spenden könne.

Wenn die angezogene Meinung dem Denken, das sich auf das Verhältnis des Allgemeinen und des Besonderen richtet, jede Möglichkeit der Wirklichkeitserhellung abspricht, so geht sie dabei von folgender Überlegung aus. „In Wirklichkeit" gibt es nur Einzelnes, Besonderes, Individuelles. Von einem Allgemeinen kann überhaupt erst dann die Rede sein, wenn das Subjekt an diese Wirklichkeit herantritt und sie zu erkennen versucht. Was dieses Subjekt sich gegenüber hat, das ist eine Unendlichkeit von unendlich vielgestaltigen Befunden, die in extensiver Vollständigkeit aufzunehmen und festzuhalten seine Kräfte übersteigt. Es muß die Einzelphänomene sichten, ordnen und nach Gruppen vereinigen, um den Gehalt dieser Welt geistig bewältigen zu können. Und diese Leistung vollbringt es eben in der Weise, daß es Vielheiten von besonderen Befunden in allgemeinen Begriffen „zusammenfaßt". Man sieht sofort: was diese ganze Überlegung trägt und möglich macht, das ist wiederum das Schema der Subsumption, nur daß es diesmal nicht der Deutung der logischen Formen als solcher, sondern der Deutung des Verhältnisses, das zwischen diesen Formen und der Wirklichkeit obwaltet, zugrunde gelegt ist. In dieser erweiterten Anwendung führt es zu dem Ergebnis: das Allgemeine ist das Mittel, das sich das Subjekt schafft, um denkend mit der Wirklichkeit fertig zu werden, nicht aber ist es ein dieser Wirklichkeit selbst in irgendeinem Sinne Zugehöriges. Besonderes und Allgemeines treten in aller Schärfe auseinander als Wirklichkeit der Welt und Denken der Welt. Und daraus folgt dann weiter: eine Besinnung, die das Verhältnis von Besonderem und Allgemeinem zum Thema hat, kann nur die logischen Operationen aufklären, mit deren Hilfe das Subjekt die Wirklichkeit bemeistert; zur Erhellung dieser Wirklichkeit selbst kann sie nichts beitragen.

Es ist nicht dieses Ortes, die hier wiedergegebene Theorie vom

Wesen des Allgemeinen an allen Gebieten des Erkennens durchzuprüfen. Es bleibe dahingestellt, ob sie den in der Wissenschaft von der Natur sich vollziehenden Denkleistungen (mit denen sie scheinbar noch am ehesten zusammenzubringen ist) gerecht wird. Daß die Wissenschaft vom Geist ihr zustimmen könnte, muß schon aus einem sehr einfachen Grunde fraglich erscheinen. Recht besehen ist doch jenes Denken, auf dessen Rechnung das Allgemeine ausschließlich kommen soll, eine Äußerung desselben Geistes, den zu erkennen der Wissenschaft vom Geist obliegt. Hier scheint also das, was bloß als Arrangement des Subjekts gelten soll, irgendwie, in irgendeinem Sinn und Maß, doch auch auf der Seite des Objekts eine Stätte haben zu müssen. Die Allgemeinheit, in der der Geist von den einschlägigen Geisteswissenschaften gedacht wird, scheint doch nicht bloß eine vom forschenden Subjekt gestiftete und bloß für dieses Subjekt gültige Allgemeinheit zu sein.

Ohne Zweifel hat es nie ein Nachdenken über den Geist, seine Werke und seine Taten gegeben, in dem nicht etwas von dieser Gewißheit, sei es auch in einer der Rechenschaft sich entziehenden Form, lebendig gewesen wäre. Es ist das Große und Fruchtbare an dem von Dilthey so eingehend gewürdigten Abschnitt der Geistesgeschichte, daß er diese Gewißheit zu vollem Durchbruch kommen und nach gedanklicher Rechtfertigung tasten läßt. In den eindringlichen Bemühungen, die mit der Aufklärung ihren ersten Gipfelpunkt erreichten, ging es um das Allgemeine — aber nicht oder jedenfalls nicht in erster Linie um das Allgemeine als Form des die Wirklichkeit denkenden Geistes, sondern als Form dieser Wirklichkeit selbst. Das „natürliche System" setzte sich das Ziel, in sämtlichen Sphären des Daseins, die der Geist mit seinen Werken und Taten erfüllt, das Walten allgemeiner, der Individualität der Menschen, Völker und Zeiten überlegener Prinzipien sichtbar zu machen. „Allgemein" soll hier die Grundstruktur des Geistes selbst sein. Wenn das Denken dasjenige, was es von dieser Grundstruktur erkundet, in die Form von allgemeinen Begriffen faßt, so liegt ihm nichts ferner als in dieser Form eine lediglich für das Subjekt belangvolle, das Objekt nicht berührende Ordnungsschematik zu erblicken. Vielmehr ist es gewiß, in diesem Allgemeinen das System der in der Wirklichkeit selbst arbeitenden Triebkräfte in die Helligkeit des denkenden Bewußtseins aufsteigen zu sehen. Aber die

Das Sichselbstwissen des apriorischen Wissens 59

gleiche Gewißheit ist auch noch in der Bewegung lebendig, die, äußerlich gesehen, aus dem Aufstand gegen diese Thronerhebung des Allgemeinen geboren scheint. Gewiß hat die „historische Schule" zunächst das Recht des Individuellen, des Ursprünglichen und Eigentümlichen nicht anders als in Abwehr des Allgemeinen, durch Zurückdrängung des Allgemeinen sichern zu können gemeint. Allein wenn sie sich dann in der Folge so angelegentlich bemüht zeigt, durch die Herausbildung von vergleichenden Methoden über die Erforschung des Einzelnen und Vereinzelten hinauszukommen — glaubte sie damit bloß den logischen Bedürfnissen des Subjekts Befriedigung zu bereiten? Wollte sie bloß dem Denken einen zusammenfassenden Überblick über das Erkundete verschaffen und die Verfügung über das Vielerlei der erforschten Einzelheiten erleichtern? Weit gefehlt! Auch sie ließ sich in diesem Bestreben von der Gewißheit leiten, einem in den Dingen selbst liegenden Zug zum Mehr-als-Individuellen, einem sie selbst beseelenden Auftrieb zum Allgemeinen nachzuspüren [21]. Beide einander scheinbar so völlig entgegengesetzten Bewegungen sind also einig in der Anerkennung eines Allgemeinen, das keineswegs bloß dem Ordnungstrieb des Subjekts sein Dasein verdankt, sondern einen bestimmenden Wesenszug am Objekt ausmacht.

Allerdings ist in den hier gemusterten Bewegungen das Problem zwar richtig gefühlt, aber nicht klar entwickelt und erst recht nicht gelöst worden. Die Aufklärung, vollkommen im Recht mit der grundsätzlichen Forderung, daß das Grundgefüge das Geistes in einem System von strengen Begriffen zu denken sei, mußte deshalb ihr Ziel verfehlen, weil sie es auf allzu kurzem und direktem Wege erreichbar glaubte. In dem Eifer, der Macht des Allgemeinen nur ja zur Anerkennung zu verhelfen, wollte sie an den Einzelerscheinungen der Geschichte nur das als wesentlich und bedeutsam gelten lassen, worin sie die allgemeinen Prinzipien des Geistes verwirklicht zu finden glaubte; was ihnen darüber hinaus noch zu eigen war, galt ihr als äußerliche Einkleidung und belanglose Zutat. Auf diese Weise wurden ihr die Individualgestalten des Geistes zu bloßen „Fällen" des durch sie repräsentierten Allgemeinen, und das bedeutet: in der Durchführung ihres Programms verbündete sie sich mit einer Sonderform des Begriffs, deren Herrschaft die Unterdrückung des Besonderen als solchen nach sich ziehen mußte. Das

Allgemeine, für dessen Anerkennung sie sich einsetzte, verschmolz ihr mit dem Allgemeinen der Subsumption. Was herauskam, das war eine reglementierende Klassifizierung des geschichtlichen Lebens. Merkwürdige Verschlingung! Das Denken geht darauf aus, der Abwertung, die das Allgemeine durch fälschliche Anwendung des Subsumptionsschemas erleidet, ein Ende zu bereiten, nimmt in der Ausführung dieser Absicht zu — dem nämlichen Schema seine Zuflucht und hat damit den Erfolg, daß nunmehr das Besondere der entsprechenden Abwertung zum Opfer fällt. Ohne Zweifel hat die „historische Schule" recht daran getan, das Besondere gegen diese Vergewaltigung durch eine abstrakte Schematik in Schutz zu nehmen. Aber wenn sie nun, auf daß dem Besonderen keine Schmälerung widerfahre, das Allgemeine nur noch in der Form von empirischen Generalisationen zuzulassen bereit war, so verkannte sie damit die grundsätzliche Berechtigung des Anliegens, das hinter dem mißglückten Unternehmen des „natürlichen Systems" stand, und hätte doch dieses Anliegen zu bejahen allen Grund gehabt, weil ihre eigenen empirischen Aufstellungen auf Voraussetzungen ruhten, die als Allgemeines von strengster Form ausgesprochen und begründet zu werden verlangten. Aber zu diesem Allgemeinen, zu dieser höchsten Form des Begriffs durchzustoßen war sie deshalb nicht imstande, weil sie mit der von ihr bekämpften Aufklärung einen logischen Grundirrtum teilte: den Irrtum nämlich, daß vom Wesen des allgemeinen Begriffs die Unterdrückung des Besonderen nicht abzutrennen sei, die in Wahrheit nur den Begriffen des subsumierenden Denkens nachgesagt werden kann.

In all diesem Suchen und Versuchen geht es keineswegs bloß darum, dem logischen Klarheitsbedürfnis durch Analyse von Begriffsstrukturen Befriedigung zu verschaffen. Es ist das Leben des Geistes selbst, es ist das Gefüge seiner Wirklichkeit, das in diesen Kontroversen zur Klarheit kommen will. Ja, selbst mit dieser Kennzeichnung, die doch immer noch der Richtung des theoretischen Fragens gilt, ist noch nicht die ganze Schwere dieser Problemstellung getroffen. Sie geht über die Grenzen des bloß in theoretischer Hinsicht Belangvollen weit hinaus. In jenem Hin und Her zwischen einem Allgemeinen, das dem Besonderen nicht sein Recht lassen will, und einem Besonderen, das dem Allgemeinen die Herrschaft streitig macht, pulsiert eine innere Unruhe, von der sich alles, was

wahrhaft im Geiste lebt, umgetrieben fühlt. Es gibt kein Bewußtsein
von Rang, in dem nicht, und zwar gerade als Ausdruck und Unterpfand höherer Berufung, ein Doppeltes lebte: einmal die Zuversicht,
ganz und gar sich selbst zu gehören, als Einmaliges und Einziges
von allem, was die Welt sonst noch enthalten mag, unterschieden
und abgehoben zu sein, einem Auftrag zu unterstehen, der nur in
dieser Einsamkeit erfüllt werden kann — andererseits die Gewißheit,
in einem Umfassenden und Überlegenen zu atmen, zu sinnen und
zu wirken, in dem jede Vereinzelung sich aufhebt, und seiner
Bestimmung nur in Einheit mit diesem Gesamtleben genügen zu
können. Was in dem Bewußtsein dieser doppelten Verpflichtung
an Fragen und Bedenken enthalten ist, das ist nicht mehr bloß ein
Anliegen des die Wirklichkeit betrachtenden Subjekts: es ist der
in diese Wirklichkeit eingereihte, für diese Wirklichkeit mitverantwortliche Mensch, der sich diese Fragen zu stellen, diese Bedenken
einzugestehen nicht umhin kann, weil er als Handelnder unausgesetzt auf sie hingestoßen wird. Indem dieser Mensch darauf aus
ist, seinem Leben Gestalt und Ordnung, seinem Tun Richtung und
Ziel zu geben, fühlt er immer wieder eine schicksalsschwere Frage
in sich aufsteigen: soll er seine entscheidenden Impulse aus dem
Besonderen entnehmen, auf das Besondere beziehen, als welches
und in welchem er sein lebendig-gegenwärtiges Dasein führt —
oder soll er sich von dem Allgemeinen beauftragt, dem Allgemeinen
verpflichtet glauben, das ihn mit so unüberhörbarer Mahnung aus
seinem Sonderdasein herausruft? So vernimmt er zwei Stimmen
in seiner Brust, von denen die eine ebenso entschieden dem Besonderen wie die andere dem Allgemeinen das Wort zu reden scheint.
Kein Wunder, daß der also Umworbene sich bald hierhin, bald
dorthin gezogen fühlt und schließlich zu der Überzeugung gelangt,
dem einen nur auf Kosten des anderen, ja nur durch Abschwören
des anderen das Seine geben zu können — ein Dilemma, das deshalb
besonders peinlich empfunden wird, weil auch nach vollzogener
Wahl die zurückgestellte Seite ihre Ansprüche anzumelden nicht
aufhört. Dieser durchlebte, nicht selten durchlittene Konflikt ist es,
der den einseitigen Lösungsversuchen der Theorie nicht nur als
seelische Triebkraft zugrunde liegt, sondern auch ihr eigentliches
Schwergewicht verleiht. Diese Lösungsversuche sind eben nicht
bloß Entscheidungen einer „freischwebenden" Theorie: sie sind aus

der inneren Bedrängnis des Menschen geboren, den es zu wissen verlangt, wie er sich zu verhalten hat, um den in der Geisterwelt ihm angewiesenen Platz angemessen auszufüllen.

Bei dieser Sachlage kann es nicht anders sein, als daß jeder Irrtum, dem die einschlägigen Lösungsversuche zum Opfer fallen, nicht bloß die Theorie in Verwirrung bringt und auf Abwege führt, sondern auch die Lebensansicht des tätigen Menschen umnebelt und verzerrt. So kommt es dahin, daß die Besinnung, von der die innere Not sich Beistand und Aufhellung erhoffte, das Übel erst recht zur Reife bringt. Verfehlte Formen der begrifflichen Ordnung und Zusammenfassung werden zur Quelle oder wenigstens zur Stütze von Haltungen und Handlungen, die das Leben in seinem Grunde verletzen, ja zerstören. Der Mensch glaubt sich durch die Stimme der Wahrheit selbst aufgefordert, sei es sich in das Besondere „einzuhausen" (ein Lieblingswort Hegels) und dem Allgemeinen die Gefolgschaft aufzusagen, sei es sich ins Allgemeine aufzulösen und das Besondere von sich abzutun. Die Ideenentwicklung, der wir nachgegangen sind, ist ja gerade deshalb so lehrreich, weil sie in großem Maßstab das Schicksal sichtbar werden läßt, dem der Mensch verfällt, wenn er sich im Suchen nach seiner Bestimmung bei Denksystemen Rats erholt, die schon in ihrer logischen Struktur dem Bau der Welt widersprechen. Die Geschichte des neuzeitlichen Abendlandes führt uns in lapidarem Stil zu Gemüte, daß wahrlich nicht bloß die Theorie den Schaden zu tragen hat, wenn das Denken untergeordneten Formen der Welterfassung eine ihnen nicht zukommende Herrschaft einräumt. Ist einmal das klassifizierende und subsumierende Denken zur Normalform des Weltbegreifens aufgerückt und jede andere Weise denkender Wirklichkeitsdurchdringung verneint, dann ist jede Möglichkeit eines Friedensschlusses zwischen Allgemeinem und Besonderem verbaut und der Mensch — und zwar nicht bloß als Betrachter der Welt — dem ruhelosen Wechsel zwischen den Extremen ausgeliefert. Dann verehrt er bald in dem Besonderen das einzig Wirkliche, Lebendig-Gegenwärtige, Vollsaftig-Zeugungskräftige, vor dem das Allgemeine zum wesenlosen Gedankenschemen verblasse — bald feiert er in dem Allgemeinen das einzig Standhaltende, Notwendige, Verläßliche, Überdauernde, vor dem das Besondere sich in seiner ganzen Beschränktheit, Zufälligkeit, Vergänglichkeit enthülle.

Aus diesem Hin und Her gibt es keinen Ausweg, so lange man das Verhältnis Allgemeines-Besonderes nach den Anweisungen einer Begriffsbildung betrachtet, die beide nicht anders als durch wechselseitige Einschränkung in Beziehung setzen kann. Anders kann es erst dann werden, wenn das Denken zu dem Niveau einer höheren Begriffsbildung aufsteigt und damit den Standort erreicht, von dem aus ihm sowohl der Sinn und das Recht als auch die Bedingtheit jener untergeordneten Formen der Begriffsbildung durchsichtig werden. Denn erst dann kann es diese Formen im Bereich ihrer Sonderaufgaben gewähren lassen, ohne sich ihnen als bedingungslos und allerwärts gültigen Erkenntnisprinzipien zu unterwerfen. Erst dann wird es ihm offenbar, daß auf jenen untergeordneten Stufen Allgemeines und Besonderes eben nur aus dem Grunde nicht zu einem vollkommenen Einvernehmen gelangen, weil es nicht die letzten und höchsten Formen der Begriffsbildung sind, die auf diesen Stufen die Herrschaft führen. Die Unvollkommenheit dieses Einvernehmens hört auf, einen Stein des Anstoßes zu bilden, wenn ihr Sinn und ihre Notwendigkeit vom Standpunkt eines Denkens aus erkannt ist, das in sich selbst diese Unvollkommenheit überwindet und Allgemeines und Besonderes so zueinander in Beziehung setzt, daß das eine dem anderen nicht nur nicht Abbruch tut, sondern zum Halt dient.

Weil es in diesen Anstrengungen um mehr geht als um die Auflösung einer bloß die Erkenntnis bedrängenden Schwierigkeit, darum darf und muß dem, was in Hegels Begriff des „Allgemeinen" — denn auf seinen Spuren bewegt sich unsere Untersuchung — zusammengefaßt ist, eine Bedeutung zuerkannt werden, die nicht bloß die Grenzen der Logik, sondern auch die Grenzen der Theorie überhaupt weit überschreitet. Es ist eine Erlösung nicht nur für den erkennenden, sondern auch und erst recht für den tätigen und schaffenden Geist, wenn er von der Notwendigkeit losgesprochen ist, immer wieder zwischen Allgemeinem und Besonderem wie zwischen unversöhnlichen Rivalen zu optieren. Es ist eine Wohltat, zu wissen, daß es möglich ist, ein Besonderes zu sein, ohne der Vereinzelung anheimzufallen, dem Allgemeinen zu leben, ohne im Grenzenlosen zu verfließen.

Wenn aber nun auf der Denkstufe, deren Leistung zu würdigen unsere letzten Überlegungen bestimmt waren, der scheinbar nicht zu schlichtende Streit des Allgemeinen und des Besonderen zur Ruhe kommt, dann heißt es doch nicht übersehen, daß es eine „Ruhe" von ganz besonderer Art ist, die hier gestiftet wird. Zunächst ist sie ganz unähnlich derjenigen Ruhe, zu der die kritisch beleuchteten Denksysteme durchgedrungen zu sein vertrauten. Auch diesen war es ja, wie ersichtlich, vor allem darum zu tun, der Unrast einer endlos zwischen den Extremen pendelnden Bewegung ledig zu werden und einen sicheren Stand zu gewinnen. Sie glaubten zu dieser Sicherheit gelangen zu können, indem sie sich entschlossen auf die eine Seite schlugen und die andere aus ihrem Gesichtskreis verbannten. Aber die so erreichte Ruhe war nur der Schein einer solchen, denn sie war nur durch die gewaltsame Unterdrückung dessen bewirkt, was nach wie vor sein Recht forderte. Aber wenn nun Hegels Begriff des „Allgemeinen" über alle Gewaltlösungen dieser Art hinausführte, so können wir doch auch in der Versöhnung, durch die er die verhärteten Antithesen aufgelöst glaubte, nicht das letzte Wort in dieser Angelegenheit anerkennen. Auch bei ihm kommt der Friede nicht ohne Einbuße der einen Seite zustande.

Wir konnten zu dem Punkt der möglichen Einigung erst vordringen, indem wir uns den logischen Vorrang zum Bewußtsein brachten, der das Apriorisch-Allgemeine allem Nichtapriorischen überordnet. Allein gerade diese Auszeichnung kann zu Mißverständnissen führen, die den Weg zum Ausgleich verbauen müßten. Schon oben traten wir der Neigung entgegen, die logische Priorität einer Denkstufe der Festigkeit einer „Grundlage" gleichzusetzen, die Anderes trägt, ohne dieses Anderen gleichermaßen bedürftig zu sein. Ohne Zweifel kommen im Ausbau von Hegels System gedankliche Motive zum Durchbruch, durch welche dem Allgemeinen eine derartige Vorzugsstellung eingeräumt wird. Nicht als ob er je daran gedacht hätte, das Allgemeine sich zu einer Selbstgenügsamkeit abschließen und verfestigen zu lassen, in der es gegen die Besonderung vollkommen gleichgültig werden müßte. Niemand hat nachdrücklicher als er den klassifizierenden Begriff, mit dessen Kanonisierung sich diese Gleichgültigkeit so leicht verbindet, in seine Schranken gewiesen. Aber das hat nicht verhindert, daß auch das von ihm auf den Thron erhobene Allgemeine in der Entwicklung des Systems ein eigentümliches Übergewicht gewinnt und das Besondere wenn auch nicht ausgeschaltet, so doch nur in einer

Auswahl und Akzentuierung zugelassen wird, die nun doch wieder von der einen Seite her bestimmt ist. Schon daß der erste Teil des Systems durch eine Logik gebildet wird, die die Grundlinien des Seins vor der Hinwendung zu den konkreten Gestalten der Wirklichkeit meint aufzeichnen zu können, besagt in dieser Hinsicht so gut wie alles. Dieser Aufbau des Systems war nur möglich, wenn und weil sein Schöpfer das Allgemeine schon in sich und aus sich bestimmt, geordnet und gegliedert glaubte und daher der philosophischen Durchdringung dieses Allgemeinen die Fähigkeit zutraute, den hinterherkommenden Wissenschaften von der wirklichen Natur und dem wirklichen Geist mit einem Schattenriß der durch sie zu begreifenden Wirklichkeit an die Hand zu gehen. Und das Gleiche ergibt sich aus der Durchführung der letztgenannten Aufgabe. Denn die Auswahl aus den Gestalten der realen, zumal der geschichtlichen Welt, die dieser großartigste Versuch begreifender Weltdurchdringung vornimmt, erfolgt wiederum nach Maßgabe von Prinzipien, die sich als Ausfluß einer allgemeinen Vernunft deutlich genug zu erkennen geben. So zeigt sich: die Sicherheit der Ordnung und Deutung, durch die dieses System gefangen nimmt, war doch wieder nur um den Preis zu haben, daß die in logischer Hinsicht unbestreitbare Priorität des höchsten Allgemeinen in eine sachlich-inhaltliche Überlegenheit uminterpretiert und das Besondere dem Spruch dieser maßgeblichen Instanz unterstellt wurde. In dieser, aber auch nur in dieser Hinsicht neigte also Hegel doch mehr nach der Seite der erstmalig von dem „natürlichen System" bezogenen Position.

Allein hier heißt es nun wirklich Ernst machen und mit den letzten Resten einer Diktatur des Allgemeinen aufräumen. Die Sicherung, die das Besondere durch seine Verschränkung mit dem Allgemeinen erfährt, darf nicht zu einer Mediatisierung durch das Allgemeine werden. Und der Ausgleich, der einen Friedensschluß zwischen Allgemeinem und Besonderem möglich macht, darf nicht durch Vorbehalte zugunsten des Allgemeinen beeinträchtigt werden. Solche Vorbehalte liegen vor, wo immer das Denken es als möglich und geboten ansieht, das Allgemeine, wie ein in sich und aus sich Begründetes, in abgesonderter Untersuchung in Besitz zu nehmen. Denn daß von einem so zur Eigenständigkeit entlassenen Allgemeinen das Besondere irgendwie die Maße empfangen müsse, das versteht sich dann von selbst. Wird umgekehrt das Allgemeine so, wie es hier geschehen ist, aus dieser Absonderung zurückgenommen, so hat das für das Besondere den Wiedereintritt in den Stand der Gleichberechtigung zur Folge. Die Überschattung durch das Allgemeine ist zu Ende.

An diese Wiederherstellung des Besonderen knüpfen sich Folgerungen von weittragender Bedeutung an. Sie kommt zunächst derjenigen Erkenntnis zugute, die an dem Besonderen ihren Gegenstand hat. Wie oft ist nicht dieser Erkenntnis, d. i. der individualisierenden Geisteswissenschaft, sei es die Geltung, sei es der Wert, sei es beides zugleich mit der Begründung abgesprochen worden, daß der Vorzug sowohl der Wißbarkeit als auch der Wissenswürdigkeit einzig und allein dem Allgemeinen zu eigen sei! Was hat nicht die Historie an Äußerungen der Geringschätzung hinnehmen müssen, die aus dieser Überzeugung entsprangen! Und doch ist diese Bevorzugung des Allgemeinen durch nichts zu rechtfertigen. Sie wird, soweit es sich um die Erkenntnis des Geistes handelt, an der Wahrheit zuschanden, daß zusammen mit der Erkenntnis des Besonderen auch die Frage nach den Bedingungen ihrer Möglichkeit, zusammen mit dieser Frage auch die Aussagen entfallen würden, in denen sie beantwortet wird. Diese Aussagen aber sind es ja gerade, in denen die Erkenntnis des Allgemeinen enthalten ist. Aber auch wenn die fragliche Schätzungsweise sich auf den Boden der Naturwissenschaft zurückziehen und nur für das dort beheimatete Allgemeine das Monopol der Wißbarkeit und Wissenswürdigkeit reklamieren wollte, würde sie, wenn auch auf kompliziertere Weise, mit derselben Wahrheit in Konflikt kommen. Erinnern wir uns doch: zwischen dem Allgemeinen der naturwissenschaftlichen Erkenntnis und dem Apriorisch-Allgemeinen besteht ein notwendiger Zusammenhang, der begründet ist in dem Umstand, daß auch das Naturwissen auf Leistungsmöglichkeiten des Geistes beruht, von denen das Apriori Rechenschaft gibt. Das Wissen um dies Apriorisch-Allgemeine aber ist hinwiederum nicht von dem Wissen um das Besondere zu trennen. Folglich steht auch das Wissen um das Natur-Allgemeine in einem Zusammenhang von logischen Relationen, aus dem das Besondere in keiner Form auszuscheiden ist. Daß dem so sein muß, wird offenbar, sobald man sich gegenwärtig hält, daß alle die Akte des Denkens, in denen das

Naturwissen sich erzeugt, besondere Akte, d.h. Akte besonders gearteter, an besonderer Stelle existierender, in besonderen Situationen lebender und wirkender Menschen sind, folglich sub specie ihrer Erkennbarkeit genau so unter den im Apriori aufgedeckten Bedingungen stehen wie sämtliche anderen Handlungen des Geistes. Der Erforscher der Natur muß schon — wie es nicht selten geschieht — seinem eigenen denkenden Tun den Blick zuzuwenden sich weigern, um sich über das Zwingende dieser logischen Verflechtungen täuschen zu können.

Soweit also die Belange des erkennenden Geistes in Frage kommen, ist mit der Wiederherstellung des Besonderen ein Zustand herbeigeführt, der die Widerstreitenden versöhnt und insofern auf den Namen „Ruhe" vollen Anspruch hat. Allein diese Ruhe nimmt nun doch ein recht seltsames Gesicht an, sobald wir daran denken, daß der Mensch an der Welt des Geistes nicht bloß einen Gegenstand der Betrachtung, sondern auch die Stätte und den Stoff seines Wirkens hat. Denn jene Schwebelage, die entsteht, indem die Extreme sich die Wage halten, ist wahrhaftig nicht die Ruhelage, wie sie dem verantwortlich Handelnden als Ausgangssituation so sehr zusagen würde. Sie ist das Gegenteil einer solchen, und zwar gerade aus dem Grunde, weil sie die Art von Stillegung ausschließt, die durch die einseitigen Lösungsversuche erreicht schien. Wäre es dem Menschen gegeben, sich in der Ausrichtung seines Handelns sei es an ein autonomes Allgemeines, sei es an ein autochthones Besonderes zu halten, so würde es für ihn in der Bestimmung dessen, was jeweils zu tun wäre, kein Schwanken geben. Er hätte entweder in dem Allgemeinen das strenge Gesetz, das sein Handeln regierte, oder in dem Besonderen die lebendige Form, die sein Handeln beseelte. Er würde, so oder so, mit einer Sicherheit seinen Weg gehen, an die keine Anfechtung heranreichte. Ist aber sein Tun zwischen zwei Instanzen eingespannt, von denen keine in die andere aufgelöst, auf die andere zurückgeführt werden kann, so befindet er sich in der Schwebelage dessen, der weder hüben noch drüben den festen Punkt erblickt, auf dem sich Fuß fassen ließe, sondern sich fort und fort zwischen beweglichen Polen im Gleichgewicht zu halten hat. In der Tat, die schon geschehen, dem Werk, das schon vollbracht ist, hat die Durchdringung des Allgemeinen und des Besonderen ihre bestimmte Gestalt bereits gefunden; sie liegt also dem erkennenden Geist als zweifelfreies und greifbares Faktum vor. Für den handelnden Geist aber ist diese Durchdringung ein immer von neuem erst zu Bewirkendes und damit eine offene Frage, die mancherlei Antworten zuläßt; erst der Spruch der Entscheidung setzt an die Stelle des Vielen, das möglich wäre, das Eine, das wirklich wird, und schafft so eine eindeutige Lage. Ob aber das Eine, für welches der Wille den Ausschlag gab, gerade dasjenige ist, das so vorgezogen zu werden verdiente — das ist die große Ungewißheit, mit der jedes verantwortliche Handeln belastet ist, und in den Selbstvorwürfen, denen diese Ungewißheit zum Nährboden dient, gelangt die Labilität jenes Gleichgewichts zu erschütterndem Ausdruck. Es ist also keineswegs an dem, daß die Ruhe, die mit der Versöhnung des Allgemeinen und des Besonderen gestiftet ist, dem handelnden Menschen einen Frieden brächte, in dem es mit der Qual des Wählens und den Martern der Selbstbezichtigung aus wäre. Diese Versöhnung bietet zwar dafür die Gewähr, daß in dem, was aus der Entscheidung hervorgeht, wie immer es aussehen möge, Allgemeines und Besonderes sich irgendwie ineinandergebildet haben. Aber in diesem „Irgendwie", das nicht fehlen darf, liegt der unmißverständliche Hinweis, daß von dem Spielraum von Möglichkeiten, innerhalb dessen der Wille sich von Fall zu Fall zu entscheiden hat, durch jene Versöhnung nicht das Mindeste weggenommen ist, folglich die Not der Entscheidung nicht die kleinste Erleichterung erfahren hat. Wenn der Geist, zur Höhe des Wissens um sich selbst aufgestiegen, sich von der Nötigung befreit findet, das Allgemeine dem Besonderen oder das Besondere dem Allgemeinen aufzuopfern, so ist die damit errungene Gewißheit nicht die Gewißheit eines Besitzes, auf dem sich in Sorglosigkeit ausruhen ließe, sondern die Gewißheit einer Aufgabe, die immer von neuem, auf die Gefahr von Irrtum, Fehltritt und Absturz, in Angriff genommen sein will. Und als echtes und vollgültiges Wissen darf die Erkenntnis der Versöhnung sich gerade deshalb in Anspruch nehmen, weil durch sie die Wirklichkeit des menschlichen Daseins, so wie es tagtäglich sich selbst erfährt, nicht beschönigt oder verschleiert, sondern in aller Schonungslosigkeit ausgesprochen wird.

Anmerkungen

Gewisse Grundlinien der vorliegenden Untersuchung findet man bereits gezogen in meinem Beitrag zu der Festschrift für E. Cassirer: Philosophy and history. [Ed. by R. Klibansky and H. J. Paton.] Oxford 1936. S. 125. Als Ergänzung ist heranzuziehen [meine Schrift:] Die Selbsterkenntnis des Menschen. Leipzig 1938.

[1] Als Beispiel sei genannt P. Ritterbusch: Idee und Aufgabe der Reichsuniversität. Hamburg 1935. Der Verfasser stellt der „Wahrheit des Geistes in seiner Artgebundenheit und Artbestimmtheit", die zugleich „die Wahrheit unserer Zeit" sei (S. 11, 24), die nach dem „Allgemeinen" strebende Wissenschaft und Philosophie der hinter uns liegenden Zeit gegenüber und glaubt in diesem Streben die feige Flucht aus der Entscheidung fordernden Wirklichkeit entlarven zu können. Wer „alles zu dem Brei eines charakterlosen Allgemeinbegriffs zusammenrührt" (S. 21), der liefert die Wissenschaft dem „Nihilismus" aus.

[2] W. Dilthey: Gesammelte Schriften. Bd 7. Leipzig 1927. S. 87.

[3] Ebd. S. 97.

[4] Ebd. S. 99. Vgl. E. Rothacker: Logik und Systematik der Geisteswissenschaften. München und Berlin 1927. S. 91 ff.

[5] Ebd. S. 143.

[6] Ebd. S. 145.

[7] H. Rickert: Die Grenzen der naturwissenschaftlichen Begriffsbildung. 5. Aufl. Tübingen 1929. S. 38 ff., 304 ff., 740 f.; Rickert: Kulturwissenschaft und Naturwissenschaft. [6./7. Aufl.] Tübingen 1926. S. 66 ff.

[8] Th. Litt: Kant und Herder als Deuter der geistigen Welt. Leipzig 1930. S. 184 ff. [d. i. 2. Aufl. S. 174 ff.]. — Vgl. zum Zusammenhang von Erkenntnislehre und Sprachphilosophie: R. Hönigswald: Philosophie und Sprache. Basel 1937.

[9] Rickert: Grenzen der naturwissenschaftlichen Begriffsbildung. S. 44.

[10] Dilthey: Gesammelte Schriften. Bd 7. S. 132.

[11] Ebd. S. 188.

[12] Zum folgenden: E. Cassirer: Philosophie der symbolischen Formen. Bd 1: Die Sprache. Berlin 1923. S. 244 ff.

[13] Das will natürlich nicht heißen, daß der Eindruck, durch den der sprachliche Ausdruck hervorgelockt wird, bereits alles das enthalten müßte, was ein zur Höhe entwickeltes Bewußtsein an dem fraglichen Gegen-

stand oder Vorgang zu entdecken vermag. Nur dies soll eingeschärft werden, daß es die Eindringlichkeit dieses bestimmten Einzeldings oder Einzelgeschehens, nicht ein über diese Einzelheit Hinausgehendes ist, wodurch sich das Gemüt in Beschlag genommen fühlt.

[14] Rickert: Grenzen der naturwissenschaftlichen Begriffsbildung. S. 496 ff.; Kulturwissenschaft und Naturwissenschaft. S. 67 ff.

[15] Grenzen der naturwissenschaftlichen Begriffsbildung. S. 588 ff.

[16] Dilthey: Gesammelte Schriften. Bd 7. S. 132 ff.

[17] Kants Theorie des Apriori hat darin ihre Grenze, daß sie das Apriori nur als Form des vom Subjekt gedachten „Gegenstandes" aufsucht und dann auch noch diesen Gegenstand in seinen wesentlichen Zügen mit dem Gegenstand der mathematischen Naturwissenschaft zusammenfallen läßt. Das hat zur Folge, daß die Selbsterkenntnis des Geistes, zu dessen Leistungen das Denken dieses Gegenstandes gehört, zwar in Angriff genommen wird — denn die Transszendentalphilosophie will ja Besinnung des Geistes auf seine Grundfunktionen sein — aber doch hinsichtlich ihres logischen Charakters, d. h. hinsichtlich ihres Apriori unerforscht bleibt.

[18] Dies die logischen Zusammenhänge, die m. E. einer phänomenologischen Grundlegung der Wissenschaft vom Geist im Wege stehen, wie ich sie früher selbst für möglich gehalten und versucht habe. Die Phänomenologie hat den Durchbruch zu wesentlichen Einsichten dadurch vorbereitet, daß sie die Grenzen des durch Induktion zu gewinnenden Wissens aufzeigte und die Notwendigkeit einer nicht-induktiven Grundlegung erkannte. Aber in der Durchführung blieb sie insofern auf halbem Wege stehen, als ihr das in nicht-induktiver Denkhaltung zu Erfassende doch wieder zu einem „Gegenstande" („Wesen") wurde, den man bei entsprechender Einstellung zu „schauen" vermöge. Auf diese Weise widerfuhr es auch ihr, daß sie, mit dem Blick an dem zu „schauenden" Gegenüber haftend, die Voraussetzungen aufzuklären unterließ, die sie machte, indem sie für die aus dieser Schau resultierenden Aussagen den Charakter unbedingter Geltung in Anspruch nahm.

[19] Vgl. über dieses Wechselverhältnis Th. Litt: Kant und Herder als Deuter der geistigen Welt. S. 252 ff. [d. i. 2. Aufl. S. 236 ff.].
Daß das Wechselverhältnis zwischen apriorischen und nichtapriorischem Wissen bei einer phänomenologischen Grundlegung der Wissenschaft vom Geist einem einseitigen Abhängigkeitsverhältnis — dem Verhältnis des „Fundierenden" und des „Fundierten" — Platz macht, gehört zu den Tatsachen, die es mir unmöglich gemacht haben, bei einer phänomenologischen Aufklärung des Apriori stehen zu bleiben. Vgl. Anm. 18.

[20] Zum folgenden vgl. Litt: Kant und Herder. S. 258, 280 ff. [d. i. 2. Aufl. S. 241 f., 260 ff.]; Die Selbsterkenntnis des Menschen. S. 114 f. [d. i. 2. Aufl. S. 84 f.].

[21] Vgl. E. Rothacker: Logik und Systematik der Geisteswissenschaften. S. 100 ff.

ANHANG

Anmerkungen des Herausgebers

S. 6   eine einflußreiche Wissenschaftstheorie] Gemeint ist der zur sog. Südwestdeutschen Schule zählende Neukantianer Heinrich Rickert (1863–1936), nach dessen Unterscheidung die Naturwissenschaften „generalisierend", die Geschichts- bzw. Geisteswissenschaften „individualisierend" verfahren. Vgl. H. Rickert: Die Grenzen der naturwissenschaftlichen Begriffsbildung. 5. Aufl. Tübingen 1929. 266 f. Siehe auch Rickert: Kulturwissenschaft und Naturwissenschaft. 7. Aufl. Tübingen 1926. Beide Bücher zieht Litt im folgenden mehrfach heran. — Rickert schließt sich an Wilhelm Windelband (1848–1915) an, der neben das „nomothetische" Verfahren der Naturwissenschaften das „idiographische" der Geschichte stellte. Vgl. Windelband: Geschichte und Naturwissenschaft (1894). Abgedruckt in: Präludien. 5. Aufl. Tübingen 1915. Bd 2. 136 ff.

S. 7   W. Dilthey] 1833–1911. Seine nachfolgend von Litt erwähnte „Einleitung in die Geisteswissenschaften" (1883) ist ediert in: Gesammelte Schriften. Band 1; die Schrift „Der Aufbau der geschichtlichen Welt in den „Geisteswissenschaften" in Band 7, außerdem in einer Sonderausgabe von M. Riedel, Frankfurt/M. 1970 (Reihe: Theorie), mit instruktiver Einleitung des Herausgebers (9–80).

S. 7   „natürlichen Systems"] Was dieser Begriff umfaßt, ist durch das vorstehende Dilthey-Zitat gut belegt. Zur Verdeutlichung der Grundgesinnung, die hinter der Auffassung vom „natürlichen System" steht, noch eine weitere Äußerung Diltheys: „Wie die Natur harmonisch durch große Gesetze geregelt wird, wie die großen Massen im Weltenraum in ihren gesetzmäßigen Bahnen niemals zerstörend aufeinander treffen, so ist auch in der menschlichen Gesellschaft eine Gesetzmäßigkeit angelegt, welche ohne künstlichen Eingriff die Harmonie derselben herbeiführt. Das ist die Lehre von dem natürlichen System in der Gesellschaft." Die Stelle stammt aus einer umfangreichen Abhandlung Diltheys: Das natürliche System der Geisteswissenschaften im 17. Jahrhundert (1892/93). Abgedruckt in: Gesammelte Schriften. Band 2. 90–245. Vgl. auch noch ebd. 246 ff.

S. 7   „historische Schule"] Bezeichnung für eine Gruppe von Wissenschaftlern — zunächst Juristen, dann auch Philologen, Historikern und später Nationalökonomen —, die etwa vom Beginn des 19. Jahrhunderts an gegen das Aufklärungsdenken „den historischen Charakter der Wissenschaften von Wirtschaft, Recht, Religion und Kunst [ergänze: und Sprache] zur Geltung gebracht" haben (Dilthey: Gesammelte Schriften. Band 7. 97). Paradigmatisch für die hier vertretene Grundüberzeugung von der Geschichtlichkeit des menschlichen Geistes und seiner Hervorbringungen war die von Savignys berühmter Programmschrift „Vom Beruf unserer Zeit für Gesetzgebung und Rechtswissenschaft" (1814) ausgehende Auffassung, daß das Recht sich nicht aus allgemeingültigen Prinzipien herleiten lasse, sondern aus der unbewußt schaffenden Kraft der einzelnen Völker (d. i. aus dem jeweiligen „Volksgeist") in bestimmter Gestaltung hervorgehe. Das begründet und verlangt historisch-vergleichende Forschung, die das Werden der großen geistigen Schöpfungen erschließt. Wichtige Vertreter der historischen Schule: die Juristen F. K. von Savigny (1779—1861) und K. F. Eichhorn (1781—1854), die Historiker B. G. Niebuhr (1776—1831) und L. von Ranke (1795—1886), der Sprachwissenschaftler J. Grimm (1785—1863), die Volkswirtschaftler W. Roscher (1817—1894) und G. Schmoller (1838—1917).

Weiterführend hierzu vor allem die im folgenden genannten Schriften von Erich Rothacker (1888—1965), der zu den namhaften Autoren zählt, die in unserem Jahrhundert über die Geschichte und Theorie der Geisteswissenschaften gearbeitet haben. Vgl. Einleitung in die Geisteswissenschaften. 2. Aufl. Tübingen 1930. — Logik und Systematik der Geisteswissenschaften. München 1927 u. öfter; vgl. dort 114—119: „Der Geist der historischen Schule". — Mensch und Geschichte. Studien zur Anthropologie und Wissenschaftsgeschichte. Bonn 1950; darin 9—19: „Die deutsche Historische Schule" und 20—48: „Savigny, Grimm, Ranke".

S. 11   In seinem in Anmerkung 8 angeführten Buch zitiert Litt aus Herders „Metakritik zur Kritik der reinen Vernunft" (1799) die Stelle: „Die menschliche Seele denkt mit Worten; sie äußert nicht nur, sondern sie bezeichnet sich selbst auch und ordnet ihre Gedanken mittelst der Sprache. ... In Sachen der ... Vernunft also muß dieser alte, allgemeingültige und notwendige Zeuge abgehört werden ..."

S. 14   Im folgenden knüpft Litt an Ernst Cassirer (1874—1945) an, der wie Rickert dem Neukantianismus, jedoch der Marburger Schule zugehört. Das in Anmerkung 12 von Litt nachgewiesene Kapitel aus Cassirers Buch „Die Sprache" trägt die Überschrift: „Die Sprache als Ausdruck des begrifflichen Denkens. Die Form der sprachlichen Begriffs- und Klassenbildung." — Es sei erwähnt, daß Litt hier auch über Cassirer in gewisser Hinsicht hinausgeht. Vgl. dazu Folke Leander: Über einige offene Fragen, die aus der Philosophie der symbolischen Formen entspringen: Cassirer — Croce — Litt. In: Ernst Cassirer. Hrsg. v. P. A. Schilpp. Stuttgart 1966. 229—247.

S. 22   Lehre vom „Verstehen"] Diltheys Theorie des Verstehens ist entwickelt in den beiden oben (S. 7) von Litt genannten Werken der Jahre 1883 und 1910 (Gesammelte Schriften, Band 1 und Band 7), sowie in einer Reihe zwischen ihnen liegender Arbeiten, von denen hier noch angeführt seien: Ideen über eine beschreibende und zergliedernde Psychologie (1894), und: Die Entstehung der Hermeneutik (1900); beide abgedruckt in: Gesammelte Schriften. Band 5. — Charakteristische Thesen

Anmerkungen des Herausgebers 75

Diltheys: „Die Natur erklären wir, das Seelenleben verstehen wir." (Bd 5. 144) „Wir erklären durch rein intellektuelle Prozesse, aber wir verstehen durch das Zusammenwirken aller Gemütskräfte in der Auffassung. Und wir gehen im Verstehen vom Zusammenhang des Ganzen, der uns lebendig gegeben ist, aus, um aus diesem das einzelne uns faßbar zu machen." (Ebd. 172) „Nur was der Geist geschaffen hat, versteht er. Die Natur, der Gegenstand der Naturwissenschaft, umfaßt die unabhängig vom Wirken des Geistes hervorgebrachte Wirklichkeit. Alles, dem der Mensch wirkend sein Gepräge aufgedrückt hat, bildet den Gegenstand der Geisteswissenschaften." (Bd 7. 148) − Vgl. hierzu auch: A. Stein: Der Begriff des Verstehens bei Dilthey. Tübingen 1926; L. Landgrebe: Diltheys Theorie der Geisteswissenschaften. Analyse ihrer Grundbegriffe. In: Jahrbuch f. Philosophie u. phänomenologische Forschung. Bd 9. Halle 1928. 237−366.

S. 24 „Typus"] Aus der vielfältigen Verwendung und Umschreibung des Typusbegriffs in Philosophie, Soziologie, Psychologie und historischen Geisteswissenschaften im frühen 20. Jahrhundert seien hier nur zwei Äußerungen zitiert, die Litts Aussage über das im Typus gemeinte „Allgemeine" illustrieren können: 1) K. Jaspers sagt über die von ihm „Geistestypen" genannten anschaulichen Ganzheiten der Weltanschauung: „Unter Geistestypen sollen Prinzipien, Ideen, Kräfte verstanden werden. Damit ist gesagt, daß sie nie vollkommen durchsichtig werden, daß wir nie wissen, ob wir letzthin eine Kraft oder viele und wieviele annehmen sollen. Und daraus ergibt sich, daß Geistestypen nicht, wie Weltbilder, klar geschieden nebeneinander gestellt werden können." (Jaspers: Psychologie der Weltanschauungen. Berlin 1919. 251.) − 2) H. Freyer urteilt über den von Max Weber geprägten Begriff des Idealtypus (den u. a. E. Spranger modifiziert in seine geisteswissenschaftliche Psychologie übernommen hat): Er „überspannt den Gegensatz von individualisierender und generalisierender Denkweise, indem er im Individuellen das Charakteristische heraushebt und andererseits auf dem Wege der Generalisation nur bis zum Typischen, nicht bis zur schlechthinnigen Allgemeingültigkeit des Gesetzes fortschreitet." (Freyer: Soziologie als Wirklichkeitswissenschaft. Leipzig und Berlin 1930. 148.)

S. 39 das „fruchtbare Bathos der Erfahrung"] Kant sagt von sich selbst: „Hohe Thürme und die ihnen ähnliche metaphysisch-große Männer, um welche gemeiniglich viel Wind ist, sind nicht für mich. Mein Platz ist das fruchtbare Bathos der Erfahrung..." (I. Kant: Prolegomena, Anhang. Vgl. Akademie-Ausgabe. Bd 4. 373.)

S. 49 eine „schlechte" Unendlichkeit] Diese Wendung, die kritisch auf einen „Progreß ins Unendliche" zielt, stammt von Hegel. Vgl. z. B. Enzyklopädie der philosophischen Wissenschaften im Grundrisse (1830), § 94.

Bibliographie

A. Schriften Theodor Litts

Der genaueren bibliographischen Orientierung über das literarische Werk Theodor Litts dienen folgende, vom Herausgeber des vorliegenden Textes bearbeitete Zusammenstellungen:

Bibliographie Theodor Litt. In: Geist und Erziehung. Aus dem Gespräch zwischen Philosophie und Pädagogik. Kleine Bonner Festgabe für Theodor Litt. Hrsg. v. J. Derbolav u. F. Nicolin. Bonn 1955. 189–224.
Die Schriften Theodor Litts. Ausgewählte Bibliographie. In: Erkenntnis und Verantwortung. Festschrift für Theodor Litt. Hrsg. v. J. Derbolav u. F. Nicolin. Düsseldorf 1960. 473–483.

Im folgenden werden – in chronologischer Anordnung – die meisten selbständig erschienenen Schriften aufgeführt, dazu einige einschlägige Titel aus der großen Zahl der Aufsätze. Pädagogische Arbeiten sind insoweit berücksichtigt, als sie Grundlagenprobleme und wissenschaftstheoretische Fragen behandeln.

Geschichte und Leben. Von den Bildungsaufgaben geschichtlichen und sprachlichen Unterrichts. Leipzig, Berlin 1918. – 2. umgearb. Aufl. 1925. – 3. Aufl. 1930.
Individuum und Gemeinschaft. Grundfragen der sozialen Theorie und Ethik. Leipzig, Berlin 1919. – 2. völlig neu bearb. Aufl. (mit Untertitel: Grundlegung der Kulturphilosophie) 1924. – 3. abermals durchgearb. Aufl. 1926. (Nach Hinweis Litts allein in der letzten Fassung heranzuziehen.)
Berufsstudium und „Allgemeinbildung" auf der Universität. Leipzig 1920.
Pädagogik. In: Die Kultur der Gegenwart. Hrsg. v. P. Hinneberg. T. 1,6: Systematische Philosophie. 3. Aufl. Leipzig, Berlin 1921. 276–310.
Erkenntnis und Leben. Untersuchungen über Gliederung, Methoden und Beruf der Wissenschaft. Leipzig, Berlin 1923.
Die Methodik des pädagogischen Denkens. In: Kant-Studien. 26 (1921), 17–51. – Später abgedruckt im Anhang zu: Führen oder Wachsenlassen (ab 3. Aufl. 1931).

Die Philosophie der Gegenwart und ihr Einfluß auf das Bildungsideal. Leipzig, Berlin 1925. — 3. Aufl. 1930.
Ethik der Neuzeit. München, Berlin 1926. (Handbuch der Philosophie. Abt. 3, D.) — Nachdr. 1968 u. öfter.
Möglichkeiten und Grenzen der Pädagogik. Leipzig, Berlin 1926. — 2. Aufl. 1931.
„Führen" oder „Wachsenlassen". Eine Erörterung des pädagogischen Grundproblems. Leipzig, Berlin 1927. — 13. Aufl. Stuttgart 1967 (und weitere Nachdrucke).
Wissenschaft, Bildung, Weltanschauung. Leipzig, Berlin 1928.
Kant und Herder als Deuter der geistigen Welt. Leipzig 1930. — 2. Aufl. Heidelberg 1949.
Einleitung in die Philosophie. Leipzig, Berlin 1933. — 2. Aufl. Stuttgart 1949.
Die Stellung der Geisteswissenschaften im nationalsozialistischen Staate. Leipzig, Berlin o.J. [1933]. — 2. Aufl. 1934. — Auch in: Die Erziehung. 9 (1934), 12—32.
Philosophie und Zeitgeist. Leipzig 1935. — 2. Aufl. 1935.
The Universal in the Structure of Historical Knowledge. In: Philosophy and History. Essays presented to Ernst Cassirer. Ed. by R. Klibansky and H. J. Paton. Oxford 1936. 125—136.
Die Selbsterkenntnis des Menschen. Leipzig 1938. — 2. Aufl. Hamburg 1948.
Der deutsche Geist und das Christentum. Vom Wesen geschichtlicher Begegnung. Leipzig 1938.
Protestantisches Geschichtsbewußtsein. Eine geschichtsphilosophische Besinnung. Leipzig 1939.
Das Allgemeine im Aufbau der geisteswissenschaftlichen Erkenntnis. Leipzig 1941. (Berichte über d. Verhandlungen d. Sächs. Akademie d. Wissenschaften zu Leipzig. Phil.-hist. Kl. 93,1.) — Auch außerhalb der Berichte erschienen: Leipzig 1941. — 2. Aufl. Groningen 1959. (Acta paedagogica Ultrajectina. 16.)
Die Befreiung des geschichtlichen Bewußtseins durch J. G. Herder.
Leibniz und die deutsche Gegenwart. Wiesbaden 1946.
Von der Sendung der Philosophie. Wiesbaden 1946.
Von der Sendung der Philosophie. Wiesbaden 1946.
Geschichte und Verantwortung. Wiesbaden 1947.
Berufsbildung und Allgemeinbildung. Wiesbaden 1947.
Mensch und Welt. Grundlinien einer Philosophie des Geistes. München 1948. — 2. Aufl. Heidelberg 1961.
Denken und Sein. Stuttgart [bzw.] Zürich 1948.
Staatsgewalt und Sittlichkeit. München 1948.
Wege und Irrwege geschichtlichen Denkens. München 1948.
Die Frage nach dem Sinn der Geschichte. München 1948. — Auch in: Die Wiedererweckung... (s.u.)

Die Sonderstellung des Menschen im Reiche des Lebendigen. Wiesbaden 1948. − Zuerst in: Geistige Gestalten und Probleme. Eduard Spranger zum 60. Geburtstag. Hrsg. v. H. Wenke. Leipzig 1942. 217−240.
Die Weltbedeutung des Menschen. In: Zeitschrift f. philosoph. Forschung. 4 (1949), 184−203.
Die Geschichte und das Übergeschichtliche. Hamburg 1949.
Der Mensch vor der Geschichte. Bremen 1950. (Schriften der Wittheit zu Bremen.)
Geschichtswissenschaft und Geschichtsphilosophie. München 1950.
Hegels Begriff des „Geistes" und das Problem der Tradition. In: Studium generale. 4 (1951), 311−321.
Naturwissenschaft und Menschenbildung. Heidelberg 1952. − 5. Aufl. 1968.
Hegel. Versuch einer kritischen Erneuerung. Heidelberg 1953. − 2. Aufl. 1961.
Sachbemeisterung und Selbstbesinnung. In: Studium generale. 6 (1953), 553−563.
Das Bildungsideal der deutschen Klassik und die moderne Arbeitswelt. Bonn 1955. − 6. Aufl. 1959. Dann Neuausgabe Bochum o.J. (Kamps pädagogische Taschenbücher. 3.)
Die Wiedererweckung des geschichtlichen Bewußtseins. Heidelberg 1956. − Darin 19−93: Der Historismus und seine Widersacher.
Technisches Denken und menschliche Bildung. Heidelberg 1957. − 4. Aufl. 1969.
Empirische Wissenschaft und Philosophie. In: Wesen und Wirklichkeit des Menschen. Festschrift f. Helmuth Plessner. Hrsg. v. K. Ziegler. Göttingen 1957.
Die Philosophie und die Geisteswissenschaften. In: Konkrete Vernunft. Festschrift f. Erich Rothacker. Hrsg. v. G. Funke. Bonn 1958. 15−23.
Hegels Geschichtsphilosophie. In: G. W. F. Hegel: Vorlesungen über die Philosophie der Geschichte. Stuttgart 1961. (Reclams Universal-Bibliothek Nr 4881−85.) 3−34.
Die Selbstbesonderung des Sinns der Geschichte. In: Die Frage nach dem Sinn der Geschichte. Hrsg. v. L. Reinisch. München 1961. 66−82. − 5. Aufl. 1974.
Freiheit und Lebensordnung. Zur Philosophie und Pädagogik der Demokratie. Heidelberg 1962.

B. Ausgewählte Sekundärliteratur

Schriften über Litt bis zum Jahre 1955 sind erfaßt in der ersten der beiden oben verzeichneten Bibliographien. Ergänzungen bis 1964 im Anhang zu *Litt: Pädagogik und Kultur.* Kleine pädagogische Schriften. Hrsg. v. F. Nicolin. Bad Heilbrunn 1965. 110 ff.

Hier beschränken wir uns auf die Angabe weniger, vor allem neuerer Arbeiten. Für Titel pädagogischer Thematik gilt das unter A Gesagte.

Marck, Siegfried: Die Dialektik in der Philosophie der Gegenwart. Halbband 2. Tübingen 1931. 77–87: Theodor Litts dialektische Phänomenologie.
Reble, Albert: Theodor Litt. Stuttgart 1950.
Steger, Walter: The Mind of Litt. In: The Review of Metaphysics. New Haven, Conn. 5 (1952), 439–454.
Liebrucks, Bruno: Zur Theorie des Weltgeistes in Theodor Litts Hegelbuch. In: Kant-Studien. 46 (1954/55), 230–267.
Klafki, Wolfgang: Dialektisches Denken in der Pädagogik. In: Geist und Erziehung. Bonn 1955. 55–84.
Vogel, Paul: Theodor Litt. Berlin 1955.
Hofer, Walther: Geschichte zwischen Philosophie und Politik. Basel 1956. 99–121: Theodor Litt als Geschichtsphilosoph.
Gründer, Konrad: Theodor Litts Verständnis der Phänomenologie. In: Pädagogische Rundschau. 20 (1966), 162–176.
Leander, Folke: Über einige offene Fragen, die aus der Philosophie der symbolischen Formen entspringen: Cassirer – Croce – Litt. In: Ernst Cassirer. Hrsg. v. P. A. Schilpp. Stuttgart 1966. 229–247.
Hojer, Ernst: Die Begründung der Pädagogik als Wissenschaft im Denken Theodor Litts. In: Vierteljahresschrift f. wissenschaftl. Pädagogik. 43 (1967), 31–45.
Bracht, Barbara: Geschichtliches Verstehen und geschichtliche Bildung. Ihr Wesen und ihre Aufgabe nach der Auffassung Theodor Litts. Wuppertal, Ratingen 1968.
Lassahn, Rudolf: Das Selbstverständnis der Pädagogik Theodor Litts. Pädagogik als Geisteswissenschaft. Wuppertal, Ratingen 1968.
Derbolav, Josef: Theodor Litt – Person und Gedanke. In: Derbolav: Frage und Antwort. Wuppertal, Ratingen 1970. 17–34.
Funderburk, Lorenz: Erlebnis, Verstehen, Erkenntnis. Theodor Litts System der Philosophie aus erkenntnistheoretischer Sicht. Bonn 1971.
Nicolin, Friedhelm: Theodor Litt. In: Geschichte der Pädagogik des 20. Jahrhunderts. Hrsg. v. J. Speck. Stuttgart 1978. Bd 2. 79–92.
Huschke-Rhein, Rolf Bernhard: Das Wissenschaftsverständnis in der geisteswissenschaftlichen Pädagogik. Dilthey – Litt – Nohl – Spranger. Stuttgart 1979. Bes. 181–264: Das Wissenschaftsverständnis Litts.
Sinn und Geschichtlichkeit. Werk und Wirkungen Theodor Litts. Hrsg. v. J. Derbolav, C. Menze, F. Nicolin. Stuttgart 1980.
Klafki, Wolfgang: Die Pädagogik Theodor Litts. Heidelberg 1981.